¡En contacto!

¡En contacto!

La formación cristiana y la enseñanza

Carol F. Krau

Traducción por Julio R. Vargas Vidal

Edición revisada

DISCIPLESHIP RESOURCES
PO BOX 340003 • NASHVILLE, TN 37203-0003
www.discipleshipresources.org

Diseño de la portada por Bruce GoreStudio.com
Diseño del interior del libro por PerfecType, Nashville, TN
Traducción por Julio R. Vargas Vidal
Editado por: Alma W. Pérez
Versión revisada, 2014

ISBNs
978-0-88177-691-1 (print)
978-0-88177-692-8 (mobi)
978-0-88177-693-5 (epub)

Library of Congress Card Number: 2014959212

DR691

ÍNDICE

PREFACIO

CUANDO ESCRIBÍ ESTE LIBRO, hace diez años, las iglesias con un largo recorrido comenzaban a luchar con los cambios que enfrentaban, y con la monumental declinación en la asistencia y de miembros. Solo empezábamos a darnos cuenta de que experimentábamos un cambio significativo en cómo la gente veía al mundo; cómo se relacionaban con Dios y su prójimo, y cómo nuestro contexto histórico y social se estaba conformando. El Pos Modernismo y los cambios en paradigmas eran las palabras de moda. Muchos libros fueron escritos sobre el lamento de las iglesias estadounidenses fracasadas. Aún recibimos un flujo constante de información negativa sobre el estado de la iglesia, sin embargo, en muchos lugares ha habido un cambio de la actitud descriptiva a la prescriptiva: "Esto es lo que tenemos que hacer a la luz del mundo en que vivimos".

Uno de los énfasis de la década pasada ha sido el discipulado. La Iglesia Metodista Unida, por ejemplo, define la misión de la iglesia como: "hacer discípulos de Jesucristo para la transformación del mundo" (*Disciplina de la Iglesia Metodista Unida–2012,* ¶120). Muchos volúmenes han sido escritos para descifrar el significado del discipulado y proveer dirección a las congregaciones en cómo ayudar a la gente a convertirse en discípulos. Hablamos sobre los cambios a nuestro derredor, pero continuamos planificando el ministerio de acuerdo a los modelos mentales del pasado.

A menudo, las guías están enfocadas en la adoración congregacional, las cuales añaden nuevos servicios de adoración, la selección de un grupo de gente específico y/o el cambio del estilo de música. Estas ideas son muy útiles, sin embargo, no son eficaces para corregir la totalidad de la situación. Lo que falta en esta conversación es el papel de los grupos pequeños para el estudio bíblico, la formación espiritual y la instrucción para formar discípulos cristianos. El obispo Robert Schnase es de las pocas personas en sugerir que el desarrollo intencional de la fe es una de las prácticas más importantes de las "congregaciones fructíferas". (Par ser más exacta, hay muchas opiniones sobre este tema, las cuales, generalmente, son desconocidas o no reconocidas.)

Muchas congregaciones abrazan impacientemente las últimas tendencias para revitalizar sus servicios de adoración, o la hospitalidad a los recién llegados. Sin embargo, los modelos de la enseñanza y aprendizaje son los de hace doscientos años: la escuela dominical. Este modelo es el que impera en muchas denominaciones. El mismo era parte de un sistema más grande para el desarrollo intencional de la fe, que incluía devociones familiares y oraciones, la lectura de las Escrituras y el orar en lugares públicos. La mayor parte de ese sistema ya no existe, excepto la escuela dominical. ¿Todavía creemos que cuarenta y cinco minutos por semana, si tenemos suerte, pueden formar a la gente en el camino hacia la vida? ¡Tendrían que ser esos cuarenta y cinco minutos tan impactantes como para que pesaran más que los restantes 10,035 minutos que enfrentamos cada semana!

En la pasada década, el modelo de rotación servía para revitalizar la escuela dominical para los niños, pero solo era una versión nueva del viejo modelo. Los grupos que se reúnen a mitad de la semana, tales como los estudios bíblicos de *Discipulado* y las series de *Compañerismo en Cristo*, han involucrado a muchos adultos en exploraciones significativas de la fe. Sin embargo, estos grupos no compensan la disminución en la participación de la escuela dominical de adultos.

Este libro fue originalmente escrito en respuesta a un compromiso profundo con el papel vital que la enseñanza juega en la formación de discípulos cristianos. En esta versión revisada, espero enfatizar el papel del aprendizaje y práctica en la formación de discípulos cristianos. Usted notará al ver el índice de este libro, que solo hay un capítulo (capítulo 6), que menciona enfáticamente el tema de la enseñanza. Francamente, los otros capítulos son pertinentes para todo el liderato de la iglesia. Cualquier líder puede ser más eficaz al tener un claro entendimiento de cómo la gente aprende, por lo tanto, también obtendrán beneficio al leer el contenido del capítulo 6.

A través de este recurso espero invitar a maestros(as), líderes de grupos pequeños, pastores(as) y otros líderes educativos a tomar parte del estudio y la reflexión que se necesitan para construir sistemas efectivos de educación y aprendizaje en sus congregaciones. El momento de la programación programada se acabó. Llegó el momento del diálogo y la cooperación. Si este recurso facilita el diálogo y fortalece la cooperación, habrá servido a su propósito.

Estoy convencida de que la única forma en la cual aprenderemos nuevas maneras de formar a los niños, jóvenes y adultos como seguidores de Jesucristo, es a través de la experimentación, descubriendo lo que sí funciona, descartando lo que no funciona y construyendo sobre lo que aprendemos. Reciente literatura nombra este tipo de experimentación y aprendizaje como un componente necesario para el liderazgo adaptativo. Creo que tal experimentación es lo que la iglesia necesita hoy. Ya no podemos tener un mayor impacto con solo hacer ajustes menores en cómo planificamos el ministerio.

Necesitamos diseñar e implantar nuevas formas de comprometer a las personas en el aprendizaje de la fe y que puedan poner ese aprendizaje en práctica en sus vidas. Si la escuela dominical aún funciona en su congregación, ¡continúe con ella! Si no funciona, trate algo más hasta que usted encuentre lo que sí funciona para ayudar a la gente de todas las edades a descubrir el gozo de conocer a Dios, a través de Jesucristo, y seguir su ejemplo en sus vidas. Mientras tanto, ¡continuemos en contacto!

CAPÍTULO 1

La enseñanza como medio para la encarnación

Yo soy la vid, y ustedes son las ramas. El que permanece unido a mí, y yo unido a él, da mucho fruto; pues sin mí no pueden ustedes hacer nada. [. . .] Yo los amo a ustedes como el Padre me ama a mí; permanezcan, pues, en el amor que les tengo.

JUAN 15.5, 9

"CUÍDATE. ESTAMOS EN CONTACTO". ¿Cuántas veces ha terminado su correspondencia o conversación con estas palabras? La frase *estamos en contacto* es una forma de expresar lo que significa mantener relaciones sanas y significativas. Estar *en contacto* con alguien, comúnmente, significa estar afinado a los rasgos, expresiones, temperamentos y conducta de otra persona. De igual modo, estar *fuera de contacto* es un juicio negativo de alguien que no entiende lo que está ocurriendo.

Jesús estaba en contacto con aquellos alrededor de él. Piense por un momento en las historias de Jesús y Zaqueo (Lucas 19.1-10); Jesús y la mujer samaritana (Juan 4.7-42); Jesús y el paralítico (Juan 5.2-9); Jesús y los niños(as) (Marcos 10.13-16), y Jesús, María y Marta (Lucas 10.38-42). Cada una de estas historias, al igual que muchas más, ilustra la forma particular en la cual Jesús se relacionaba con cada persona con quien se encontraba a su paso. Parecía saber exactamente qué necesitaba cada persona, y respondía de acuerdo a su necesidad.

Jesús también estaba en contacto con Dios. Las Escrituras dan testimonio de la frecuencia con que Jesús se retiraba en oración –desde las historias de su tentación en el desierto, inmediatamente después de su bautismo, hasta el relato de su vigilia en el huerto de Getsemaní, justo antes de su arresto, juicio y crucifixión. Estos interludios regulares, para estar en comunión con Dios, le permitían estar en comunicación con el propósito de Dios en su vida, su ministerio y, al final, su muerte y resurrección.

Este libro brinda la imagen del *mantenerse en contacto* como una metáfora para el estilo de enseñanza que anticipa el espacio sagrado en el cual las personas encuentran la presencia divina del Dios vivo. Está escrito con la creencia de que cuando los maestros y estudiantes están en contacto con Dios, y también con el prójimo, experimentan el poder transformador de Dios y aprenden a vivir como fieles discípulos. La experiencia está arraigada en el concepto neotestamentario de la encarnación, el entendimiento de que Dios estaba presente (encarnado) en la figura humana de Jesucristo.

Como cristianos creemos que Jesús reveló la naturaleza de Dios, la vida y poder de Dios y la actividad redentora de Dios. Al leer los Evangelios, entendemos la naturaleza de Dios como una de amor de entrega. El poder de la bondad de Dios, revelado en Jesús de Nazaret, es capaz de transformar el quebranto y la locura del ser humano, restaurando las relaciones entre Dios y la humanidad y entre los mismos seres humanos.

En la encarnación comenzamos a entender que al hacer la voluntad de Dios, la cual es una señal del Reino de Dios, es un asunto de amor –amar a Dios y al prójimo. Al aprender a acepar el amor de Dios y obedecer el mandamiento de Jesús de amarnos los unos a los otros, nos mantiene en contacto con Dios y con los demás. Al aceptar el amor de Dios, aprendemos a reconocer nuestras propias dolencias, necesidades, luchas, dones y talentos.

El enseñar y aprender para tener un discipulado fiel ha sido una parte significante de la iglesia desde sus propios inicios. El conocimiento de las Escrituras, la fe cristiana, el fomentar las habilidades para participar en la misión de la iglesia –cada una son parte del contenido del ministerio de la enseñanza. La oración, la adoración, el asombro, la gracia también son parte del ministerio de la enseñanza. Cuando el pueblo de Dios se reúne, reclama la promesa de que Dios estará con él y en medio de él. Y en alguna manera misteriosa, Dios sí está con su pueblo y este nunca más es el mismo. Cuando los niños, los jóvenes y adultos se comprometen a aprender juntos, pueden estar seguros de que el poder transformador de Dios está en medio de ellos.

Esto suena maravilloso, ¿verdad? ¡Cuando sucede, es maravilloso! ¡Es sorprendente! De hecho, no puedo pensar en otra experiencia que se compare con la de una comunidad realmente cristiana, en la cual todos comprendan que están creados a la imagen de Dios; todos están comprometidos a apoyarse en el crecimiento de la fe; y todos están fortalecidos por el Espíritu de Dios a vivir en respuesta fiel a la gracia de Dios.

El único problema es que la mayoría de nuestras congregaciones ya no tienen estructuras ni procesos que propicien tales experiencias transformadoras. El ministerio de la enseñanza ha sufrido un cambio radical durante los últimos cincuenta años. Cada vez menos y menos adultos no se consideran a sí mismos preparados para dirigir experiencias eficaces de aprendizaje. Muchas congregaciones no están capacitadas para identificar y preparar maestros para grupos pequeños. Cada vez menos personas participan de las tradicionales escuelas dominicales. Aún así, muchas personas expresan su deseo de conocer a Dios y explorar su espiritualidad.

En un reciente estudio de investigación de los adultos en los Estados Unidos de Norteamérica, llevado a cabo en el 2011, George Barna encontró que más de dos terceras partes de la gente encuestada se definen a sí mismos como "religiosos" o "espirituales". Sin embargo, poco menos de un 20% reclamó estar "totalmente comprometido" con el desarrollo espiritual personal. Además, uno de cada siete adultos (14%), dijeron que su relación con Dios es la prioridad más grande en sus vidas.

Diana Butler Bass describe los cambios de los pasados treinta años como la cristiandad "después de la religión". Ella resalta el hecho de que muchas personas, quienes asisten a la iglesia inclusive, van con menos frecuencia a la iglesia y consideran la "religión convencional" como poco gratificante. De acuerdo con Bass, muchas personas están sencilla y llanamente aburridas de la iglesia. Existe una percepción creciente que la cristianidad, tal como existe en nuestra sociedad, no tiene nada que ver con lo que la gente piensa de cómo debe ser la cristiandad. No obstante, al mismo tiempo, ellas ansían tener una conexión espiritual con Dios y con unos a otros.

Existen más estudios y recursos que se podrían citar en este libro. No obstante, las dos fuentes arriba mencionadas representan lo que hemos estado aprendiendo. Realmente, esto no es algo nuevo para muchas personas. Cualquier revisión superficial de la literatura de educación cristiana de más de treinta años, le proveerá más que suficiente información relacionada con los problemas que enfrenta la escuela dominical, la iglesia, la educación religiosa y todas las otras fases que hemos atravesado en la enseñanza y el aprendizaje. No propongo añadir otro tratado sobre los desafíos que enfrenta la escuela dominical. Por el contrario, este libro trata sobre el papel o rol de los maestros en la formación espiritual cristiana.

Si las relaciones sólidas y sanas centradas en Cristo son el corazón de la comunidad cristiana, entonces es necesario que nuestras congregaciones identifiquen a las personas con las habilidades necesarias para hacer esa clase de relaciones y, a la vez, mantenerlas. Necesitamos discernir quiénes en nuestras congregaciones están en contacto con Dios y con la gente que les rodea. Ellas son quienes ya han descubierto la poderosa presencia de Dios en sus vidas y están comprometidas con su crecimiento como discípulas y, a su vez, en ser mentoras de otras personas en sus relaciones con Dios y en la comunidad de fe.

Sin embargo, es imposible hablar del papel de la enseñanza sin tomar en cuanta el propósito de la enseñanza y el aprendizaje. ¿Cómo podemos seguir pidiéndole a la gente que enseñe sin estar primeramente claros acerca de qué queremos lograr en nuestro ministerio de la enseñanza? Si el ministerio de la enseñanza ha cambiado tan radicalmente, entonces cuánto más el papel de los educadores. Solamente cuando estemos en contacto con Dios podemos discernir las direcciones hacia las cuales debemos movernos. Solamente cuando estemos en contacto con los cambios en nuestras comunidades y congregaciones, podemos responder a esos cambios a la luz del Evangelio.

Hemos escuchado mucho sobre la misión de la iglesia en los pasados años. Muchos de nosotros posiblemente podemos recitar la misión de la Iglesia Metodista Unida. Repitan conmigo: “La misión de la iglesia es hacer discípulos de Jesucristo para la transformación del mundo”. ¡Exacto, esa es! Sin embargo, todavía parece haber confusión o incertidumbre sobre qué exactamente significa "hacer discípulos". En la medida que no entendamos nuestra misión, será inútil enfocarnos en el reclutamiento de maestros. Justamente cuando tengamos clara la tarea frente a nosotros, podremos identificar los dones y talentos necesarios para un liderazgo eficaz en los grupos pequeños.

LA ENSEÑANZA COMO MEDIO PARA LA TRANSFORMACIÓN

Considero necesario ir a la fuente de la historia antes de comenzar con el tema de esta sección. Primero, usaré la obra de Loren B. Mead, *The Once and Future Church: Reinventing the Congregation for a New Mission Frontier* (The Alban Institute, 1993). Aunque este recurso tiene más de veinte años, pienso que es una herramienta útil para entender lo acontencido por más de dos mil años de cristianismo. En esta obra, Mead describe los períodos históricos más importantes del cristianismo.

La era apostólica

Mead describe el período de la iglesia primitiva que transcurre después de la vida, muerte y resurrección de Jesús como la era "apostólica". Esta se caracterizaba por una fuerte prédica, enseñanza y sanidad por quienes habían vivido y seguido a Jesús. Hechos de los Apóstoles documenta la historia de estos hombres y mujeres, quienes recibieron el Espíritu Santo en Pentecostés y luego transformaron su mundo en el nombre de Jesús.

Al principio los seguidores de Jesús continuaron reuniéndose en la sinagoga para orar y estudiar, siguiendo la costumbre del judaísmo. El enseñar y aprender eran elementos esenciales de la vida comunitaria. Los apóstoles dieron testimonio de lo que habían visto y escuchado; repitieron las historias de Jesús y su ministerio; hablaron de su muerte y resurrección.

Las Escrituras hablan de que miles de personas respondieron al mensaje de los apóstoles. Otros escritos históricos también confirman que las autoridades políticas, sociales y religiosas se opusieron a su predicación y enseñanza. El antagonismo hacia estos primeros seguidores del cristianismo explotó en violencia, persecución y dispersión.

En medio del ambiente hostil en el cual la iglesia se encontraba, los creyentes comprendieron que su misión estaba justo afuera de la puerta. Cada persona con la que se encontraban era candidata potencial para el bautismo, fe e incorporación al cuerpo de Cristo.

Esta primera comunidad de fe tenía que depender del uno en el otro. Pasaban mucho tiempo orando juntos, estudiando las Escrituras, compartiendo la Cena del Señor y atendiendo las necesidades comunitarias. "Los apóstoles seguían dando un poderoso testimonio de la resurrección del Señor Jesús, y Dios los bendecía mucho a todos" (Hechos 4.33).

En tanto sus filas crecían, los apóstoles invitaron a la comunidad de fe a discernir entre las personas con dones y talentos para ser sus líderes. Se nombraron diáconos para compartir la tarea administrativa y servir a las necesidades comunitarias, en especial a las viudas. Se necesitaba de cada creyente para que la comunidad funcionara propiamente. Cada creyente entendió que Dios le había llamado al discipulado. Y ". . . con alegría y sencillez de corazón . . . Alababan a Dios y eran estimados por todos . . ." (Hechos 2.46-47).

La era de la cristiandad

Con la conversión del emperador Constantino finalizó la era apostólica. Como se podrá recordar de nuestras clases de historia, el cristianismo se convirtió en la religión favorecida por el Imperio romano cuando Constantino se convirtió en cristiano en el año 312 A.D.

Al pasar el tiempo, los *ciudadanos* fueron también reconocidos como *cristianos* ante los ojos de las autoridades políticas, religiosas y sociales. La sociedad ya no era hostil hacia la iglesia. La sociedad abrazó a la iglesia. Y, desde una perspectiva histórica contemporánea, la iglesia abrazó a la sociedad. Tanto la iglesia como el imperio vieron el beneficio de aliarse en vez de sostener una relación hostil.

Mead describe este período de la historia eclesiástica como la era de la "cristiandad". Entre tanto el cristianismo evolucionó en una religión legítima, institucionalizada y formalizada. Esta era dio a luz a los profesionales eclesiásticos. Al pasar el tiempo, los papeles del clero y el laicado fueron más distintivos. La misión se movió del umbral de la puerta hasta los linderos del imperio. Solamente las personas especiales, llamadas por

Dios a predicar a los "paganos", estaban involucradas en la misión. Por lo tanto el laicado no debía preocuparse por sus dones espirituales ya que cada persona que conocían era cristiana.

En los pasados 200 años, la moda prevaleciente de enseñar y aprender en la iglesia institucionalizada ha sido la escuela dominical. Esta nació en la Inglaterra de los 1780, por Robert Raikes, y fue organizada para enseñar moral y modales a los niños pobres. En los Estados Unidos, una vez se hizo asequible la educación pública a los niños, la escuela dominical ya no tenía que enseñar cómo leer y escribir. Su principal tarea fue la educación religiosa.

De acuerdo a Robert W. Lynn y Elliot Wright, la escuela dominical se convirtió en el siglo XIX en un movimiento cuya meta era lograr la conversión y fuerte aliada de los grandes avivamientos que arroparon al protestantismo norteamericano (*The Big Little School: 200 Years of the Sunday School*; Abingdon Press, 1980). Diversas denominaciones cooperaron y establecieron escuelas dominicales por todo el país. Para llegar a esta meta, se negaron a tratar asuntos sociales o políticos que el país enfrentaba.

La escuela dominical era uno de los pocos lugares donde el laicado podía proveer un liderazgo significativo. Incluso, su éxito estribó en la gran cantidad de voluntarios que sirvieron como maestros(as). En el clímax que tuvo en el siglo XIX, la escuela dominical gozaba de gran asistencia, convenciones nacionales y, eventualmente, grandes estructuras denominacionales y personales que la mantenía operando.

Antes del nacimiento de la escuela dominical, el movimiento metodista había desarrollado otro proceso para crecer en la fe. En 1740, Juan Wesley comenzó unas reuniones de grupos pequeños los cuales se reunían semanalmente bajo la supervisión de un líder. Estas clases se reunían con el propósito de apoyarse mutuamente a vivir como discípulos cristianos.

Las reuniones representaron el elemento práctico de la teología wesleyana de discipulado. Wesley sabía que la naturaleza humana era "débil". Él creía que la comunidad cristiana debía apoyar a sus miembros en la fe, en vez de culparles por haber fracasado en su intento de vivir las demandas del Evangelio.

La teología wesleyana sobre el discipulado estaba basada en la doctrina de la gracia, la cual describió como gracia preveniente, gracia justificadora y gracia santificadora. Para Wesley el discipulado era un balance entre las obras de piedad (devoción personal y adoración comunitaria), y las obras de misericordia (compasión personal y actos comunitarios de justicia).

Wesley creía que la santidad interior llevaría a la santidad exterior de la conducta. Las buenas obras eran la señal de obediencia. Si la gracia preveniente era el obrar de Dios en las almas antes de que estas se percataran de ello, y la gracia justificadora era un don de Dios que llevaba a un nuevo nacimiento, entonces la gracia santificadora llevaba a una comisión de la voluntad humana a un discipulado responsable. Las reuniones de clase le proveían a hombres y mujeres la oportunidad de crecer en la gracia de Dios mientras buscaban ser obedientes a la voluntad divina.

Mientras se desarrollaba la escuela dominical, la tradición de la reunión de clase decayó en la mayoría de las congregaciones europeas y norteamericanas. Durante el siglo XX, mucha de la filosofía de la escuela dominical en las denominaciones protestantes tradicionales fue una combinación de teoría educativa progresiva y teología liberal. Con base en un modelo escolar que asumía que se podía aprender durante la infancia todo lo necesario para vivir exitosamente como adulto, la escuela dominical ha consistido primordialmente en clases de una o dos edades por grupo. El acercamiento básico ha sido uno de instrucción cognoscitiva, en donde maestros transmiten información a niños, jóvenes y otros adultos.

La era de la poscristiandad

Mucha de la historia de la iglesia pertenece a la era de la cristiandad. Es en nuestra era que esta época ha comenzado a colapsarse. De acuerdo con Phyllis Tickle, el paradigma de la era de la cristiandad ha ido en declive durante los últimos cincuenta años. Ella identifica una variendad de grupos que buscan reinterpretar la cristiandad en maneras pertinentes y significativas. Algunos de estos grupos son: el movimento de la iglesia emergente (Brian Mclaren y otros); neomonásticos (Elaine

Heath y otros); la iglesia misional (Alan Roxburg y otros); Fresh Expression (una iniciativa en Reino Unido). Hay además, grupos dentro de las denominaciones principales, tales como el Concilio de Obispos de la Iglesia Metodista Unida, que busca reenfocar el ministreio de discipulado. Todos estos grupos están tratando de proclamar el evangelio de Jesucristo, libre de las influencias de la cultura dominante del individualismo y el consumismo, tan prevaleciente en gran parte de EE. UU., en la actualidad.

En el curso de nuestras vidas, el paradigma de la cristiandad, básicamente, ha colapsado en el sentido de que las cosas ya no funcionan como antes –o al menos, ya no tanto. Ya nos sentimos mejor en la era de la poscristiandad, pero aún no tenemos claro cómo será vivir en esta nueva época de la historia de la iglesia.

De acuedo a Mead, por lo menos podemos ver una característica evidente: en el mejor de los casos, la sociedad ahora es indiferente a la iglesia; en el peor de los casos, otra vez es hostil hacia la iglesia. Ser un ciudadano del estado ya no es sinónimo de ser un discípulo de Jesucristo; ni debe serlo. Las estructuras sociales ya no apoyan los valores y creencias de la fe cristiana. Recientes estudios confirman el creciente número de personas que no se identifican con ninguna fe religiosa.

Sin embargo, la situación dentro de la iglesia no es mejor. Al dar por sentado de que todos éramos cristianos, no sentíamos la urgencia de apoyar el crecimiento en la fe. Mientras enviábamos a nuestros niños a la escuela dominical, estábamos desayunando. Una vez nuestros jóvenes eran confirmados, ellos ya se consideraban "graduados" en educación cristina. Hoy tenemos una generación adulta con poco conocimiento bíblico, escaso entendimiento de los ritos y símbolos de la fe, poca apreciación de la liturgia y la adoración de nuestras congregaciones, poca habilidad para expresar claramente sus creencias y habilidad limitada para reflexionar en torno a sus experiencias a la luz de su fe. Y si Diana Butler Bass está en lo cierto, ¡a muchos de estos adultos no les importa tal desconocimiento!

¡Qué tiempos para aceptar el llamado a servir en la iglesia! Siento hacer una antigua oración de la iglesia, la cual solía escucharle a mi madre cuando estaba molesta: "¡Señor, ten misericordia de mí, una pobre pecadora!" Pero con todo mi corazón, creo que el Espíritu de Dios se está moviendo en nuestro derredor, llamándonos a enfocarnos en la misión de la iglesia, según nos enfrentamos a los retos de este increíble mundo poscristiano en el cual vivimos.

Hemos aprendido de la experiencia, que la instrucción bíblica y la fe cristiana no garantizan una experiencia de la gracia de Dios, o un compromiso al discipulado cristiano; o que reunir a un grupo de niños, de jóvenes o de adultos en el mismo salón, no garantiza una comunidad cristiana, ni una enseñanza y un aprendizaje efectivos. Pero aún trabajamos para mejorar nuestras escuelas dominicales como si el problema estuviera en nosotros y no en el sistema. Según esta nueva era continúa emergiendo, debemos construir sistemas nuevos que llenen las necesidades contemporáneas y a la vez se enfoquen en la misión eterna de la iglesia. Estos nuevos sistemas podrán incluir a una escuela dominical que no se limite a las clases tradicionales dominicales. Solo a través de un entendimiento claro de la misión de la iglesia, podremos construir sistemas efectivos para la formación de la fe y el discipulado cristianos.

LA MISIÓN DE LA IGLESIA HOY

La misión de la iglesia es proclamar con gozo las buenas nuevas de la gracia de Dios y buscar apasionadamente establecer el reino de Dios en el mundo. Es vivir como discípulos de Jesucristo para que nuestras relaciones y nuestro mundo sean transformados por el Espíritu de Dios. La discípula sigue a su maestra. En la comunidad cristiana, esa maestra o maestro es Jesús. Los discípulos cristianos añoran seguir el ejemplo de Jesús en la forma en que se relacionan con Dios, con otros seres humanos y con el mundo natural.

El amor de entrega caracterizó la vida y ministerio de Jesús. Una congregación centrada en el evangelio tomará seriamente su papel como sierva del mundo. Una congregación que se enfoca en la proclamación de las buenas nuevas de que Dios estaba en Cristo reconciliando al mundo, se identificará y responderá al profundo dolor y quebranto del mundo.

Si esta misión es un proceso constante en la vida congregacional, podemos describirla de la siguiente manera:

- Buscar y recibir a la gente en el cuerpo de Cristo;
- Ayudar a las personas a comprometer sus vidas con Dios;

- Nutrir a las personas en la fe;
- Enviar a las personas al mundo a vivir vidas de amor y justicia.

Este no es un proceso lineal, sino circular o espiral. No importa cuánto tiempo hayamos estado en una congregación, siempre necesitamos sentirnos bienvenidos, experimentar la gracia de Dios y seguir reforzando nuestros conocimientos y destrezas para vivir como discípulos. Además, las personas nuevas pueden entrar en ese proceso en cualquier momento. Una invitación o bienvenida de parte de un miembro de la iglesia, no es automáticamente el primer paso. Tome en consideració los siguientes casos:

- Dana no ha asistido a la iglesia desde su adolescencia. Ahora es madre de un niño de dos años, está divorciada y en busca de una guardería segura y de calidad cerca de su apartamento. Se ha dado cuenta que la Iglesia Metodista Unida de su vecindario tiene una guardería infantil, y esto le trae a la memoria sus viejas amistades de la escuela dominical, campamento y escuela bíblica de vacaciones.
- La familia de Braulio se ha recién mudado a otra ciudad. Ha sido difícil para él hacer amistades con muchos de sus compañeros de clase del décimo grado en su escuela. ¡Su nueva escuela es tan grande y todos están tan ocupados! Braulio está considerando ir al grupo de jóvenes de la iglesia, ubicada al final de la calle donde vive. A lo mejor algunos de sus compañeros de escuela van a esa iglesia.
- Sherrie y David están preocupados por el aumento de familias sin hogar en su ciudad. Ambos emplean la tarde de cada primer jueves de mes para trabajar en un albergue, el cual incluye una tiendita de artículos y productos económicos y servicios de referido para empleos. Les sorprende que muchos de los vo-luntarios son parte de una congregación local.
- Raquel es asistente legal en una firma de abogados. Ella y su familia disfrutan bailar y van a conciertos y paseos por la playa. Pero últimamente ella se pregunta hacia dónde exactamente se dirige su vida. Entonces decide asistir al servicio de adoración de la iglesia cerca de donde vive, solo para probar cómo le va.

El factor principal no es cuántos vienen a la iglesia, sino que las personas necesitan ser bienvenidas, sostenidas y desafiadas a responder al llamado de Dios al discipulado. Aunque pocos argumentarían en contra de ese proceso, no ha sido fácil implantarlo. En muchas congregaciones, el proceso ha sido segmentado y repartido entre varios comités o ministerios. El buscar y darle la bienvenida a las personas ha sido identificado con evangelismo. Ayudar a las personas a comprometer sus vidas con Dios ha sido función de los servicios de adoración. La enseñanza y el aprendizaje se han delegado a los comités de nutrición y educación. La responsabilidad de enviar a las personas a vivir vidas de amor y justicia, se le ha dado a los comités de misiones, de alcance y asuntos sociales.

La verdad es que todo lo que la iglesia hace debe realizar de lleno este proceso, y esto incluye al ministerio de la enseñanza. Quienes participan en el proceso de la enseñanza-aprendizaje deben buscar la gente y darle la bienvenida en los grupos pequeños; entender que su tarea es ayudarles a conocer y sentirse conectados a Dios. Para poder vivir diariamente como discípulos cristianos, se deben crear ambientes educativos que ayuden a la gente a reflexionar sobre sus experiencias según las Escrituras y la tradición cristiana.

Las congregaciones deben empezar a prestar atención a los procesos utilizados para que las personas aprendan a amar a Dios y servir al pueblo de Dios. Pienso que esto ocurre cuando la congregación adora y participa en grupos pequeños de estudio, reflexión, apoyo y práctica.

El liderato congregacional debe dedicar más tiempo a la oración y al estudio bíblico enfocado en el discipulado cristiano; buscar discernir la visión de Dios para su congregación, y tomar el tiempo necesario para desarrollar un liderazgo en grupos pequeños, que a su vez ayude a toda la congregación a participar de un aprendizaje de por vida y el crecimiento en la fe. Aquí es importante clarificar la relación entre misión y visión. Cada congregación cristiana tiene la misma misión: proclamar las buenas nuevas de la gracia de Dios y establecer su reino en la tierra. También debe evaluar continuamente cómo crea un clima hospitalario que promueva el encuentro con Dios, a través de Jesucristo y descubrir qué significa seguir a Cristo en la vida diaria.

Sin embargo, cada congregación cristiana es única gracias a su contexto: la comunidad en donde está ubicada, la gente que la compone y sus necesidades específicas, y sus dones representados dentro de la misma y su comunidad. La visión es una imagen mental de cómo Dios concibe el que una congregación en particular viva su misión. La visión de una congregación de 65 miembros en la zona rural de Iowa, será diferente a una de 560 miembros en los suburbios de New Jersey. Y esa visión congregacional será diferente a una de 250 miembros en una ciudad de California.

Eso es así porque el discipulado se forma dentro del contexto de la congregación: su comunidad, necesidades, preocupaciones, dones y oportunidades. Tal como Jesús respondió en forma diferente a cada persona que encontró a su paso según sus necesidades, las congregaciones deben tener una visión compartida para vivir su misión de acuerdo a dónde se encuentren y a quiénes sirvan. Así su visión tendrá el poder de impulsarles hacia el futuro.

Si la enseñanza y el aprendizaje continúan jugando un papel vital en la construcción de la visión congregacional y apoyan su misión, tienen que haber cambios importantes en cómo enseñan y aprenden. (Ver abajo la tabla.) Lea la información en la columna izquierda, luego reflexione si describe o no los sistemas actuales de enseñanza y aprendizaje de muchas congregaciones. ¿Qué falta en esta columna? ¿Qué debe quitarse? ¿Qué debe revisarse?

CAMBIOS CONTEMPORÁNEOS EN LA ENSEÑANZA Y EL APRENDIZAJE

Moviéndonos de	Moviéndonos hacia
La programación / escuela / modelo de actividad	Modelo de formación cristiana
La capacitación de personas	Aprender juntos
La enseñanza para la instrucción/ información	La enseñanza para la transformación
Estar enfocados en la institución	Estar enfocados en vivir como pueblo de Dios
Lo mismo sirve para todos	La formulación de una visión compartida localmente
Enfocarnos en las partes	Enfocarnos en el todo

Pienso que para la mayoría de los casos, nuestras estructuras y procesos actuales han apoyado un modelo escolar en el cual la información es lo principal. El maestro(a), pastor(a) o comité de educación tiene la responsabilidad de seleccionar el contenido de lo que se va a enseñar, cuándo se ofrecen las clases y cuál currículo es el apropiado. Algunas congregaciones suponen que tendrán buenos resultados al usar "programas" que han sido exitosos en otras congregaciones.

Si este modelo escolar fue edificado en la presunción de que las personas pueden aprender todo lo necesario en la infancia, como antes mencionamos, también se asume que los adultos no necesitan seguir aprendiendo. Para aquellas congregaciones que valoran la educación cristiana de adultos, posiblemente no tendrán un plan para que los adultos reflexionen sobre el significado del discipulado cristiano, evalúen sus vidas espirituales y planifiquen su aprendizaje y práctica alrededor de sus necesidades de crecimiento espiritual. Pocas congregaciones han desarrollado constantemente oportunidades básicas, intermedias y avanzadas de formación cristiana para adultos.

Además, pocas congregaciones han considerado seriamente la integración de la educación cristiana con la adoración, evangelismo, mayordomía y misión. Mientras más grande la congregación, más complicada es la integración. Ha sido muy fácil que el laicado y personal de la iglesia se enfoquen en sus responsabilidades específicas, en vez de ver el "panorama completo". Aun cuando se reconoce todo el panorama, la labor de un comité particular, y se entiende está en relación con la misión y visión congregacional, es inusual que esto sea real para cada comité, o que los comités tomen el tiempo necesario para edificar un sistema que conecte constantemente su labor con el todo.

Ahora lea la columna derecha de la tabla. ¿Qué imágenes vemos al leerla? ¿Representan estos cambios el lugar donde queremos que se dirija la congregación? ¿Qué falta en esta columna? ¿Qué revisaría o eliminaría?

Estos cambios sugeridos son un intento de describir sistemas de enseñanza y aprendizaje que llevarán a nuestras congregaciones hacia el enfoque de su misión y visión, en vez del enfoque que edifica una institución sólida. Si creemos que el evangelio de Jesucristo tiene el poder de transformar al mundo, debemos tomarlo en serio y ser intencionales en sumergir a nuestra niñez, juventud y adultez en ese evangelio.

Mientras las personas se reúnen para orar y estudiar las Escrituras: prueban sus ideas de lo que significa ser un discípulo(a) desde su lugar particular; se preparan para participar de la adoración y el servicio; reflexionan en torno a las necesidades de la comunidad o el barrio, el estado, la nación y el mundo, y aprenden cómo la iglesia está respondiendo a dichas necesidades; descubren oportunidades para dirigirse hacia esas necesidades de forma más directa.

El liderato congregacional puede usar las clases de escuela dominical, grupos de estudio bíblico u otros ministerios de grupos pequeños y las relaciones de uno a uno para escuchar y reflexionar sobre cómo sus miembros ven las necesidades congregacionales y comunitarias. Usualmente en los grupos pequeños o en las relaciones con un mentor(a), las personas descubren sus dones ministeriales. Los maestros(as) efectivos estarán en contacto con la forma en que las personas expresan sus intereses, les ayudarán a articular y reclamar sus dones espirituales, y a ponerlos en práctica.

CINCO PROCESOS CRUCIALES PARA LA ENSEÑANZA Y LIDERAZGO

Mientras clarifican su entendimiento de su misión y visión particular del ministerio, las congregaciones determinarán qué cambios deben hacerse para moverse hacia esa visión. En este proceso también podrán identificar y desarrollar líderes para el ministerio de educación que apoye la misión y visión.

La congregación necesita desarrollar líderes con destrezas y conocimientos específicos para enfrentar los asuntos congregacionales. A continuación se proveen por lo menos cinco procesos importantes que ayudarán al maestro(a) a servir eficazmente al crear un ambiente en el cual se experimente el tipo de comunidad cristiana que hemos descrito.

1. En contacto con Dios –cómo los líderes pueden sentir la presencia de Dios a través de las disciplinas cristianas, tales como la oración y el estudio bíblico;
2. En contacto con el pueblo de Dios –cómo los líderes pueden poner a un lado sus propias agendas y escuchar los anhelos más profundos de los miembros de sus grupos pequeños o clases;

3. En contacto con su experiencia –cómo los líderes reflexionan en su experiencia a la luz de las Escrituras y la tradición cristiana;
4. En contacto con el mundo –cómo los líderes participan en la misión y ministerio de la iglesia;
5. En contacto con la enseñanza –cómo los líderes crean un clima que ayude a las personas a experimentar el asombro y misterio de Dios y el desarrollo de conocimiento y destrezas para el discipulado.

Los próximos capítulos de este libro exploran dichos procesos. Ya habrá notado que estos procesos van más allá de los métodos didácticos y la instrucción impartida en los salones de clase, los cuales eran los enfoques del modelo escolar usado en la era cristiana. También habrá notado que mi definición de un grupo pequeño puede incluir solamente a dos personas. En la era que surge, las congregaciones deberán proveer una gran variedad de oportunidades que incluya mentores(as) y la capacitación.

Además del aprendizaje obtenido de la escuela dominical, he basado estos procesos en el modelo de reunión de clase para la formación cristiana y la ciencia de los conceptos comerciales contemporáneos relacionados con servicios al cliente. No es tanto un intento de reclamar viejos modelos de discipulado o revitalizar sistemas didácticos actuales, sino un intento de refinar elementos esenciales para un liderazgo eficaz de grupos pequeños reunidos para crecer en la fe y el discipulado.

Le invito a experimentar un proceso de diálogo sobre esos cinco procesos en la medida que continúa aclarando su propio entendimiento sobre qué significa enseñar y aprender en el área del desarrollo de un discipulado fiel. Según reflexiona en la lectura, probablemente tendrá otros procesos que añadir a la lista. Puede que no esté de acuerdo con uno o más de los procesos, y eso está bien.

En tiempos de cambios radicales, aprendemos por la experimentación. No se preocupe por las respuestas "correctas". Más bien, permita que Espíritu de Dios le dirija mientras explora el papel cambiante de la enseñanza en la formación cristiana. Es tiempo de reclamar la promesa de Jesús: "[. . .] El que permanece unido a mí [el que está 'en contacto' conmigo], y yo unido a él, da mucho fruto; . . ." (Jn 15.5). ¡Qué tenga un feliz contacto!

GUÍA PARA LA REFLEXIÓN EN GRUPOS PEQUEÑOS

1. Lea las historias bíblicas mencionadas al principio del capítulo. Haga una lista de las características de Jesús relacionadas a cómo la respondió a cada persona con quien se encontró. Discuta cómo estas características se relacionan con la enseñanza y el aprendizaje dentro de la congregación.
2. Estudie los pasajes bíblicos enfocados en el liderazgo. (Puede usar: Lucas 4.16-21; Mateo 25.31-46; Lucas 10.25-42; Romanos 12.1-21.) Identifique la conducta, actitudes, valores y creencias de un discípulo(a) tal y como están descritas en estos pasajes. Discuta cómo su sistema de enseñanza y aprendizaje reafirma al discipulado. Nombre áreas en las cuales necesita mejorar.
3. Discuta la metáfora *mantenerse en contacto* tal como se relaciona con la enseñanza y aprendizaje. ¿Cuáles otras metáforas e imágenes pueden representar este ministerio para usted? ¿Cómo se pueden usar efectivamente estas metáforas al edificar una visión congregacional de enseñanza y aprendizaje?
4. Repase las tres áreas de la historia de la iglesia descritas por Loren Mead. ¿Qué cambios hemos visto mientras la iglesia se ha movido de la era cristiana a la era poscristiana? ¿Cuáles son las implicaciones de estos cambios para la enseñanza y el aprendizaje?

CAPÍTULO 2

En contacto con Dios

"¡Ríndanse! ¡Reconozcan que yo soy Dios!

SALMO 46.10

SI COMO MAESTROS(AS) y líderes comenzamos a hacer los cambios en la enseñanza y el aprendizaje identificados en el capítulo 1, debemos continuamente buscar el conocer a Dios. De otro modo, los cambios que hagamos estarán basados en nuestras propias opiniones, en vez de la voluntad de Dios. (Aun si no está de acuerdo con los cambios sugeridos en el capítulo anterior, debe continuamente buscar el conocer a Dios. De otro modo, las estructuras y programas que instituya estarán enfocados en su propia voluntad o deseo.) Solamente a través del conocimiento de Dios podremos comenzar a discernir en cuál dirección nos está dirigiendo el Espíritu de Dios.

El conocer a Dios es un don. No viene de nuestros propios esfuerzos, sino por el aprender a estar atentos al Espíritu de Dios. En *Making all Things New: An Invitation to the Spiritual Life* (© 1981 Henri J.M. Nouwen; publicado por HarperCollins Publishers, Inc.; p. 65), Henri J.M. Nouwen escribe:

> El Espíritu Santo . . . nos eleva al reino del amor de Dios. Pero decir que el ascender al reino de amor es un don divino no quiere

decir que esperemos pasivamente hasta que dicho don se nos confiera. Jesús nos dice que dirijamos nuestros corazones hacia el reino. Dirigir nuestros corazones en algo, no solamente involucra un verdadero deseo, sino una gran determinación. Una vida espiritual requiere esfuerzo humano.

Así que, ¿cómo "dirigiremos nuestros corazones al reino"? A través de los siglos los cristianos han descubierto una variedad de métodos que les han mantenido en contacto con Dios. Estos métodos han sido llamados las "disciplinas espirituales", "hábitos santos" o "medios de gracia". Las disciplinas espirituales son aquellas prácticas que nos ayudan al ofrecernos a Dios y recibir su gracia. Nos ayudan a crear el espacio que necesitamos para escuchar a Dios, hablar con Dios y conocer nuestra relación con Dios y el prójimo a través de Jesucristo.

Al practicar las disciplinas espirituales, descubrimos el ritmo natural de la vida espiritual. Mientras crecemos en la gracia de Dios, aprendemos a equilibrar el trabajo y el descanso, el hablar y el escuchar, el ser y el hacer. Este ritmo es como una danza de compromiso y respuesta a Dios como nuestro compañero.

La esencia de este ritmo es comunitaria y a la vez individual. Dios nos ha llamado a ser una comunidad de pacto con Él y los demás. El verdadero discipulado cristiano no es asunto privado ni individual. El, más bien, ocurre dentro del contexto del pueblo en el mundo de Dios.

Lea nuevamente el párrafo anterior. ¿Tiene usted idea de cuán radicalmente contracultural resultan esas oraciones para la cultura anglosajona? Yo misma, aún no las comprendo. Sin embargo, según envejezco voy comprendiendo que el llamado de Jesús al discipulado fue moleado completamente por una cultura diferente a nuestro contexto cultural hoy. En EE. UU., estoy bombardeada con mensajes que me dicen que solo yo importo – lo que quiero, cómo lo quiero y cuándo lo quiero – sin la necesidad de sentirme mal por eso.

Las disciplinas espirituales fortalecen nuestra conexión con todo el pueblo de Dios, y nos ayudan a entender el contexto de servir a Dios por todo el mundo. Al cultivar a diario estos medios de gracia, encontramos los patrones de las prácticas diarias, semanales, mensuales y anuales que sostienen nuestros espíritus, nos mantienen en contactp con Dios y nos transforman en el pueblo y las comunidades que Dios desea que seamos.

LOS MEDIOS DE GRACIA

Juan Wesley practicaba y animaba a los miembros de sus primeras sociedades y a otros pastores a practicar una variedad de disciplinas espirituales. Él entendía estas disciplinas como medios para experimentar la gracia de Dios. Según las circunstancias, los medios de gracia de Wesley variaban, pero él siempre incluyó los siguientes:

- La oración;
- El estudio de las Escrituras;
- La adoración (especialmente la Cena del Señor);
- El ayuno;
- La conferencia cristiana, y
- Las obras de misericordia.

A través de estas prácticas espirituales descubrimos lo que significa amar plenamente a Dios y a su pueblo. Si una congregación pretende que esto ocurra a través de su enseñanza y aprendizaje, entonces es esencial que sus maestros(as), líderes de grupos y otros mentores(as) continuamente desarrollen sus propias vidas espirituales. Solo cuando prestamos atención a cómo Dios obra en nuestras vidas, podemos crear el espacio para que otros lo noten y respondan al Dios que obra en sus vidas.

Es muy importante que los maestros(as) practiquen los medios de gracia, los cuales exploremos con mayor profundidad en las próximas páginas. Pero antes de comenzar nuestra exploración, le damos esta advertencia: Para que estas prácticas sean medios de *gracia*, no tienen que estar regidas por unas reglas rígidas que deben ser seguidas rigurosamente para que sean efectivas. Lo que buscamos es una actitud de apertura y receptividad a la presencia de Dios. Tal actitud conduce a la confianza, al gozo y a la esperanza.

La oración

Cualquier lectura de los clásicos cristianos pone a la oración primero y en el centro de la vida espiritual. Nuestros padres y madres en la fe aprendieron de la experiencia que la oración era la clave para mantener su relación con Dios. Y así sucede con nosotros.

Hay muchas formas de orar. Los maestros(as) pueden encontrar útiles algunos de los siguientes métodos para desarrollar una vida de oración:

- Usar oraciones escritas encontradas en materiales o libros de meditaciones;
- Meditar en la Escritura, especialmente los Salmos;
- Usar una oración de "respiración" (repitiendo una frase mientras se inhala y se repite otra al exhalar; por ejemplo, "Jesús, sé mi guía [inhalar], y yo te seguiré [exhalar]");
- Hacer una oración espontánea;
- Permanecer en silencio.

Aunque algunos de estos métodos sean familiares, tengo que admitir que no siempre lo fueron para mí. Mientras sigo desarrollando mi vida espiritual, uno de mis grandes deleites es descubrir nuevos métodos de oración que abran mis ojos y oídos a Dios en formas que no haya experimentado.

Como persona que procesa información al hablar, uno de mis grandes aprendizajes ha sido la necesidad del silencio y del escuchar como parte de la oración. Estoy aprendiendo la sabiduría del Salmo 46.10: "¡Ríndanse! ¡Reconozcan que yo soy Dios!" Para poder estar en contacto con Dios, necesito desarrollar la habilidad de rendirme, de enfocarme, de centrar mis pensamientos en Dios. ¡Algunas veces me siento miserable! Cuando no lo puedo lograr, le doy gracias a Dios por estar presente en medio de mi caos y prometo continuar esforzándome en mantener el enfoque y atención.

Cuando trabajaba en la iglesia local, estaba tan ocupada y enfocada con mi papel como personal del equipo de trabajo de la iglesia que rara vez separaba un tiempo para la oración u otro medio de gracia. No entendía que el pasar tiempo en oración era parte de mis funciones como parte del personal de la iglesia.

Cuando comencé a trabajar en una agencia general de la Iglesia Metodista Unida, continué distrayéndome con reuniones, preparaciones para talleres, correspondencia, llamadas telefónicas, y otras cosas. Rara vez separaba tiempo para la oración u otros medios de gracia. Las exigencias de mi trabajo pronto me enseñaron lo tonto de esta negligencia.

He estado disfrutando el aprendizaje del concepto benedictino de una "regla de vida", y sobre el orar las "horas". No soy una persona disciplinada por naturaleza, pero he aprendido que esa gracia es abundante cuando incorporo la oración y otros medios de gracia a mi vida. Sinceramente no puedo decir que he desarrollado una verdadera "regla de vida", pero hay momentos en que he encontrado fácil el incorporar a la oración en mi horario de trabajo:

- Al comenzar el día (agradezco a Dios por el descanso de la noche, y como dice la tradición afroamericana, por despertar "en mi sano juicio");
- Al llegar al trabajo (pido a Dios que bendiga el trabajo del día y me dé sabiduría para completar ese trabajo);
- Al salir del trabajo (agradezco a Dios por el trabajo hecho y luego me concentro en mi regreso a casa);
- Al final del día (reflexiono en mi día, leo las Escrituras y paso tiempo en oración).

Puede que no haga estas oraciones todos los días, pero el tener uno o dos momentos de oración es mejor que no tener ninguno.

Estoy aprendiendo que la oración es el fundamento que moldea mi día en el amor y la luz de Dios. La oración nos recuerda quién es Dios, quiénes somos como hijos e hijas de Dios y cómo Dios continuamente está presente en nuestras vidas. La oración es el vehículo para alinear nuestra voluntad con la de Dios, para entregarle nuestras peticiones y necesidades, oportunidades y luchas y pedirle sabiduría para organizar lo que realmente necesitamos.

Mientras ore, considere comenzar en silencio como preparación para estar en la presencia de Dios. Aunque no hay un orden predeterminado a seguir al orar, podrá moverse del silencio a la gratitud. En la adoración comunitaria nuestras oraciones de gratitud son generales. Sin embargo, en la oración personal podemos agradecerle a Dios por bendiciones específicas, tales como la experiencia de la amistad, la belleza del día de hoy, o una experiencia de sanidad.

La oración debe incluir también la confesión. Debemos ser realistas y honestos con nosotros mismos y con Dios. La confesión evita que nos sigamos escondiendo de Dios. Si no nos confesamos, creemos que Dios no nos ve. Podemos pensar que nuestras vidas están bien y que "todo está bien con el mundo". Cuando abrimos las líneas de comunicación con Dios y reconocemos la verdad, encontramos libertad y alivio de ansiedad, estrés y enajenación. La confesión nos permite reconocer y aceptar el perdón de Dios.

El orar por otras personas también debe ser un apecto importante de nuestras vidas espirituales. La oración intercesora ha sido descrita como una forma de cooperación con Dios. Al interceder por gente específica, compartimos las cargas. Al elevar las necesidades de otros y esperar en silencio, el Espíritu de Dios nos inspirará a la acción.

Algunas de esas personas específicas para nosotros, los maestros(as), serán los miembros de nuestro grupo. Al presentarle a Dios las necesidades y preocupaciones del grupo, podemos verlos con los ojos de Dios. Podemos discernir cómo Dios quiere edificarnos como una comunidad cristiana. Podemos recibir dirección para que la planificación y el aprendizaje estén alineados y respondan a las necesidades del grupo.

La oración también incluye la petición. Oramos por nuestras necesidades después de agradecer a Dios por sus buenos dones, confesar nuestras faltas y recibir su perdón y luego de orar por los demás. La petición no es una oración egoísta, sino una oración de gracia. Es una oración de ayuda para "disponer nuestros corazones en el reino". En Mateo 11.28-30 leemos: "Vengan a mí todos ustedes que están cansados de sus trabajos y cargas, y yo los haré descansar. Acepten el yugo que les pongo, y aprendan de mí . . . Porque el yugo que les pongo y la carga que les doy a llevar son ligeros". A través de la petición, Dios comparte nuestras cargas y nos sostiene para un liderazgo responsable en el mundo.

El estudio de las Escrituras

Como con todos los medios de gracia, el propósito primordial de estudiar la Biblia es encontrarnos con la presencia transformadora de Dios. Al leer las historias de cómo el pueblo de Dios ha entendido a Dios a través de las edades, comenzamos a conectar nuestras historias con las del pueblo. Conectamos nuestras historias con la historia de Dios.

Para que esto ocurra, debemos ser constantes y sistemáticos en nuestro estudio. Cuando nos familiarizamos con las Escrituras podemos escuchar a Dios hablándonos. Con esta meta, la información de las Escrituras lleva a la transformación.

Para Wesley, esto significaba leer la Biblia diariamente –mañana y tarde. Durante el transcurso de un año, leyó el Antiguo Testamento por lo menos una vez y el Nuevo Testamento varias veces. Para guiar su lectura, usó el *Book of Common Prayer [*Libro de la oración común*]*. A través de su lectura, Wesley buscaba la voluntad divina, se abría al Espíritu Santo y ponía en práctica lo que aprendía.

Creo que ésta es una meta valiosa para maestros(as) y líderes de grupos pequeños de hoy. La Biblia misma habla de la importancia del estudio con relación a la transformación. En Romanos 12.2 leemos: "No vivan ya según los criterios del tiempo presente; al contrario, cambien su manera de pensar para que así cambie su manera de vivir y lleguen a conocer la voluntad de Dios, es decir, lo que es bueno, lo que le es grato, lo que es perfecto".

Para el estudio efectivo de las Escrituras, Richard J. Foster sugiere los siguientes cuatro pasos (*Celebration of Discipline: The Path to Spiritual Growth*; HarperCollins Publishers, Inc., 1988). Primero, él cree que nuestro estudio debe incluir la repetición. La repetición ayuda a crear hábitos de pensamiento, los cuales llevan al cambio de conducta. La repetición también es fundamental para construir una memoria comunitaria –al recordar lo que Dios ha hecho y cómo la gente de fe ha respondido a la iniciativa divina. Los maestros(as) que están inmersos en las Escrituras, juegan un papel activo conectando a los miembros de su grupo a esa memoria comunitaria.

Segundo, Foster nos recuerda que debemos concentrarnos. La concentración enfoca nuestra atención y nos centra en lo que estamos estudiando. La misma aumenta nuestra habilidad para retener y recuperar información de tal forma que nos continúe moldeando a la imagen de Cristo.

El tercer paso de Foster es la comprensión. ¿Qué dijo el autor? ¿Qué quería decir el autor? ¿A cuáles circunstancias se dirigía el escrito? Mientras desarrollamos nuestro entendimiento de lo que estamos estudiando, evaluamos mejor lo que leemos y lo aplicamos a nuestra propia situación.

Los maestros(as) encontrarán de mucha ayuda el usar una variedad de recursos mientras intentan entender las Escrituras, tales como: atlas bíblico, concordancia bíblica, diccionario bíblico y comentarios bíblicos. En ocasiones es bueno leer el pasaje bíblico en varias traducciones o versiones para poder explorar el pasaje a profundidad.

El cuarto y último paso es la reflexión. Foster define la *reflexión* como el reconocer el significado de lo que estudiamos. La reflexión nos ayuda a ver las cosas desde la óptica de Dios. Nos lleva a la percepción y nos provee la habilidad de ver nuestra realidad y juzgarla a la luz de la Palabra de Dios. Mientras meditamos en la Escritura, escuchamos la voz de Dios y permitimos que Dios nos hable.

El tipo de estudio descrito aquí debe llevar e intensificar nuestra lectura devocional de las Escrituras, la cual es esencialmente formativa. Según vamos descubriendo el significado de los textos bíblicos, percibimos cómo éstos se relacionan con nosotros y cómo vivimos en relación con otras personas y el mundo.

Por siglos, los cristianos han utilizado el método de *lectio divina* (lectura divina o sagrada) en sus lecturas devocionales de las Escrituras. Los cuatro pasos de este método son:

1. *Lectio* –Esto se refiere a la lectura del texto. Durante este paso, nos enfocamos en lo que el pasaje dice. Algunas personas encuentran conveniente imaginarse que son parte de la historia. ¿Quién está en el pasaje bíblico? ¿Qué ocurre? ¿Cómo esas personas responden a lo ocurrido?
2. *Meditatio* –Esto involucra la meditación. Al meditar en el texto, nos encontramos con lo que sentimos y lo que pensamos. La meditación involucra el corazón y la mente. Con la meditación hacemos enlaces entre nuestra experiencia y el significado revelado por las Escrituras.
3. *Oratio* –Esto se asocia con las palabras habladas, particularmente la oración. Esta es la oración que emerge de nuestra meditación. Cuando somos confrontados con lo que Dios quiere decirnos y con lo que está haciendo en nuestras vidas, somos muy conscentes del dolor y las luchas involucrados en un discipulado fiel. Nuestra oración se convierte en confesión y arrepentimiento.

   Cuando repentinamente escuchamos una palabra de gracia hablada a nuestras heridas profundas, o reconocemos la maravillosa presencia creativa de Dios, respondemos en alabanza y gratitud. Cuando identificamos dentro de la historia bíblica una imagen o situación que se relaciona con alguien en la familia, la comunidad o el mundo, ofrecemos una oración intercesora y pedimos la dirección divina para saber cómo responder a tal situación en su favor.

4. *Contemplatio* –Esto es el descanso tranquilo acompañado por la contemplación y el silencio. Al concluir nuestra lectura devocional, aclaramos nuestras mentes y simplemente intentamos "ser". Es la oportunidad para dejar ir todas las expectativas excepto la de estar en la presencia de Dios. La contemplación involucra la espera, apertura y receptividad.

Los maestros(as) que regularmente estudian la Biblia y la leen devotamente, tienen grandes oportunidades de presentarles a sus grupos la Palabra viva. Según los maestros(as) comparten su amor por las Escrituras con niños(as), jóvenes y adultos, producirán ese mismo amor en quienes enseñan y de quienes aprenden.

La adoración

La participación en la adoración es esencial en la formación espiritual de maestros(as) y líderes de grupos pequeños, porque la adoración comunitaria nos conecta dentro de la comunidad cristiana. La adoración establece el contexto para todas nuestras actividades, incluyendo la educación y el aprendizaje.

A través del bautismo afirmamos que Dios ha tomado la iniciativa de buscarnos y hacer un pacto con nosotros. Somos recibidos en la comunidad cristiana y prometemos apoyarnos en el crecimiento de la fe y el discipulado.

Alrededor de la Mesa del Señor, recordamos a Jesús y celebramos su continua presencia con nosotros. Nos identificamos con ese grupo de doce que se reunió con Jesús en su última cena, y anticipamos nuestra unión con Cristo en el banquete celestial.

En la adoración se proclama el evangelio y somos llamados(as) a responder. En la adoración reclamamos nuestra identidad como el cuerpo de Cristo, y reconocemos la necesidad que tenemos del prójimo. Una vez más, vemos la conexión entre nuestra relación con Dios y los demás. En la adoración estas conexiones se llenan de gracia.

En medio de nuestra comunidad reunida, experimentamos la presencia del Cristo resucitado. Juntos contamos las historias de nuestra fe y respondemos al amor, misericordia y gracia de Dios.

Nuestra adoración sirve como testimonio de quién es Dios y qué ha hecho (y está haciendo). En el canto, la Escritura, el sacramento y la oración, afirmamos la fe que nos sostiene y guía. Cada vez que nos reunimos, la Palabra vuelve a hacerse carne y mora entre nosotros. Al testificar a Dios, nos unimos a las "tantas personas que nos han demostrado su fe" (Hebreos 12.1), cuya gracia y verdad nos llegan a través de Jesucristo.

La adoración es también señal de la comunidad de pacto que Dios quiere continuar creando. Su promesa de ser nuestro Dios y nuestra promesa de ser su pueblo están en el corazón de nuestra herencia judeocristiana. Hemos sido creados para relacionarnos, y en ningún sitio es más evidente que en nuestra adoración comunitaria. Al ejercer nuestra fe, fortalecemos nuestra identidad como pueblo de Dios y construimos una visión compartida de lo que Dios quiere que seamos.

El llamado de Dios al servicio, en el nombre de Jesús, es también parte integral de la adoración. El acto final del servicio de adoración, el envío, nos envía a vivir en el mundo como discípulos de Jesucristo. Si de verdad estamos centrados en Dios, a través de Cristo, entonces nuestra adoración debe dirigirnos a vivir vidas que reflejen el ejemplo de Cristo. Habiendo sido renovados en la adoración, nos vamos a vivir como "embajadores de Cristo", agentes de reconciliación y esperanza (2 Corintios 5.17-21).

El ayuno

Antes de comenzar su ministerio público, Jesús estuvo cuarenta días y cuarenta noches en el desierto. Jesús ayunó durante este período, en el cual buscó la dirección divina para moldear su ministerio, (Mateo 4.1-11; Lucas 4.1-13).

Esta historia de la vida de Jesús ilustra los varios propósitos que tiene el ayuno como medio de gracia. Primero, tal como pasa con todos los medios usados para experimentar la gracia divina, el ayuno enfoca la atención en Dios. El ayuno no es asunto de voluntad superior y autocontrol de nuestra parte, sino para reconocer nuestra dependencia en Dios.

En la descripción de la tentación de Jesús en el desierto, leemos que Satanás exhortó a Jesús a convertir las piedras en pan para poder satisfacer su hambre. Jesús respondió: "La Escritura dice: 'No solo de pan vivirá el hombre, sino también de toda palabra que salga de los labios de Dios'". (Mateo 4.4). En esta encrucijada crucial de su vida, él rehusó convertir cualquier material en pan, y elige depender de Dios para satisfacer todas sus necesidades –físicas o espirituales.

Marjorie J. Thompson, al reflexionar sobre el propósito del ayuno, nos pregunta si estamos al tanto de lo que nos sostiene en la vida aparte de la comida física o si tenemos una convicción interna de que Cristo es nuestra vida. También nos alerta de que comprenderemos muy poco de cómo Cristo nos nutre hasta que nos despojemos de los tipos de sostenimiento o nutrición que nos dan alegría superficial en la vida (véase *Soul Feast: An Invitation to the Christian Spiritual Life*; ©1995 por Marjorie J. Thompson; publicado por Westminster John Knox Press; p.71).

Las interrogantes de Thompson son instructivas, porque nos recuerdan nuestra tendencia de sustituir a Dios por otras cosas. Para algunos es la comida; para otros será el reconocimiento, dinero, belleza, poder. Cada vez que ponemos nuestra esperanza y confianza en algo o alguien fuera de Dios, peligramos en deslizarnos hacia la idolatría.

El ayuno no quiere decir siempre el abstenerse de comida. Podríamos sentir la necesidad de ayunar de la televisión, del chisme, de gastar dinero en ropa que no necesitamos. ¿Qué usted sustituiría por Dios? ¿Cómo Dios le llama a ayunar?

Tenemos la oportunidad de comenzar a responder estas preguntas al combinar el ayuno con la oración. Esta fue la costumbre de Jesús, Moisés, David, Elías y otros santos a través de las edades. El ayuno y la oración trabajan juntos para vaciarnos el alma y llenarnos de Dios.

La oración, como ha sido descrita anteriormente, incluye en ocasiones la confesión y el arrepentimiento. Esta humildad de espíritu nos abre a la sanidad, restaurando la gracia de Dios. En el Sermón del Monte, Jesús enseñó: "Dichosos los que tienen hambre y sed de la justicia, porque serán satisfechos" (Mateo 5.6). En nuestro ayuno, al enfocarnos en Dios por medio de la oración, reclamamos la promesa de Cristo de ser saciados.

El ayuno es en esencia un acto tangible de reverencia a nuestro Dios, quien es Creador, Redentor y Proveedor. Como maestros(as), cuando centramos nuestra atención en Dios y humildemente pedimos que su Espíritu nos guíe a través del ayuno, tomamos ventaja de un medio más al experimentar la gracia infinita de Dios. Al ser sostenidos por el poder del Espíritu, recibimos poder para sostener a otros. En nuestra enseñanza y liderazgo, nos convertimos en pan para el mundo.

La conferencia cristiana

El término "conferenciar" quizás no nos sea muy familiar, pero el concepto sí. El término se refiere a la comunidad reunida para animarse, apoyarse, hermanarse, sostenerse, para el estudio y el servicio. En la iglesia de hoy, los ministerios de grupos pequeños nos proveen oportunidades de conferenciar los unos con los otros. Nuestras clases dominicales y otros grupos de estudio deben ayudarnos en este esfuerzo. El encontrar formas de alentar la conferencia cristiana es una consideración importante para quienes dirigen grupos pequeños o clases de la escuela dominical.

En los tiempos de Wesley, la conferencia cristiana se llevaba a cabo a través de tres estructuras específicas: las sociedades, las reuniones de clase y las bandas. Describiremos estos grupos particulares en el capítulo 5. Aquí quiero destacar dos de las características relacionadas a este capítulo. Primero, estaban organizados para apoyar a las personas a desarrollar sus vidas espirituales disciplinadas. Segundo, incitaban la responsabilidad mutua.

Cada uno de estos elementos es importante para nuestras congregaciones si queremos movernos de un modelo escolar a uno de formación cristiana, y de una enseñanza informativa a una transformadora. ¿Por qué debemos, como cristianos, reunirnos en grupos pequeños? Porque nos necesitamos.

No es fácil desarrollar hábitos constantes de oración, estudio bíblico, ayuno y la práctica de obras de misericordia. En un grupo de apoyo, podemos encontrar ayuda práctica, al igual que ánimo para continuar nuestra jornada de fe. Junto a quienes buscan seguir a Cristo, encontramos el apoyo para evaluar regularmente nuestra vida espiritual y encontrar dirección para profundizar nuestra relación con Dios.

Hay otra dimensión para estas experiencias grupales. El discernimiento espiritual es en ocasiones el don de Dios para su pueblo. Jesús prometió a sus discípulos: "Porque donde dos o tres se reúnen en mi nombre, allí estoy yo en medio de ellos" (Mateo 18.20). Dios en Cristo está con nosotros en la experiencia de la conferencia cristiana. Juntos probamos nuestros conceptos acerca de Dios y el discipulado cristiano. Reflexionamos en nuestra práctica diaria de devoción y servicio. Somos dirigidos por el Espíritu de Dios hacia nuevas avenidas de la gracia de Dios.

En *Life Together*, Dietrich Bonhoeffer escribe:

> Dios ha puesto su Palabra en la boca de [otros] para ser comunicada a [nosotros]. Cuando una persona es confrontrada por la Palabra, choca con una persona, habla a otras . . . Asimismo, el cristiano necesita de otro cristiano que le hable la Palabra de Dios (© 1954 HarperCollins Publishers, Inc.; pp. 22-23).

Bonhoeffer sigue diciendo que en la comunidad cristiana aprendemos a vivir juntos. A través de Cristo, todo lo potencialmente divisorio es anulado. Nos convertimos en hermanos y hermanas, y nos vemos conectados eternamente a Dios, a la humanidad y toda la creación a través de Jesucristo.

¿Con quién conferencian nuestros maestros(as) y líderes grupales? ¿Adónde van para apoyarse y animarse, y así experimentar la gracia de Dios? ¿Cómo el concepto de la conferencia cristiana afecta nuestra planificación de las reuniones de maestros(as)? Estas son interrogantes importantes para quienes son responsables de apoyar la formación espiritual de maestros(as) y otros líderes.

Las obras de misericordia

Nuestra conexión con la humanidad es el fundamento de vivir misericordiosa y justamente. Esta relación dinámica entre amar a Dios y amar al prójimo está en el corazón del entendimiento de Wesley de lo que es la espiritualidad cristiana.

Como de costumbre, ese entendimiento se fundamenta en las Escrituras. Tome en consideración los siguientes pasajes:

- Mateo 25.31-46 –el juicio de las naciones
- Marcos 12.28-34 –el mandamiento más importante
- Lucas 10.25-37 –el buen samaritano

- Juan 21.15-17 –el mandamiento de Jesús a Pedro de alimentar a sus ovejas

Estos pasajes ilustran solo algunas de las ocasiones en las cuales Jesús enseñó a sus discípulos a vivir su amor por Dios a través del servicio a otros. Sin embargo, Jesús no solo enseñó sobre el servicio, sino que dio el ejemplo. Él alimentó a los hambrientos, sanó a los enfermos y favoreció a los desamparados. Los relatos en el evangelio del ministerio de Jesús son testimonios vivos de que sus palabras y hechos fueron buenas noticias para los pobres y desamparados.

Richard J. Foster nos ayuda a entender cómo la disciplina del servicio se convierte en un medio para experimentar la gracia de Dios. Él distingue entre la opción de servir y la opción de ser un siervo o una sierva. Escribe:

> Cuando escogemos servir, aún estamos al mando. Decidimos a quién serviremos y cuándo lo haremos . . . Pero cuando escogemos ser siervos, ya no estamos al mando . . . Nos volvemos disponibles y vulnerables (*Celebration of Discipline: The Path to Spiritual Growth*; © 1988 Richard J. Foster; publicado por HarperCollins Publishers, Inc.; p. 115).

La gracia de Dios nos llega una y otra vez cuando cedemos nuestra excesiva necesidad de control y reclamamos nuestra dependencia en Dios. A través del servicio, practicamos la hospitalidad que experimentamos primero de Dios.

Como siervos(as) hospitalarios de Cristo, respondemos a las necesidades del mundo. No ofrecemos nuestro servicio a aquellos que llenan nuestros criterios, sean cuales sean. Más bien seguimos el ejemplo de nuestro Señor crucificado, dando de nosotros por el bien de los demás. El servicio lleva a una expresión de amor, no a un sentido de carga.

Para los maestros(as) puede ser tentador suponer que la enseñanza es su servicio a los demás. A la luz de las múltiples demandas de nuestro tiempo y energía, esto es muy deseado. Y ciertamente, la enseñanza es un don maravilloso para nuestras congregaciones.

Sin embargo, como el cuerpo de Cristo, debemos continuar escuchando la voz de Dios a servir fuera del templo. Según los maestros(as), líderes grupales y mentores(as) fortalecen su relación con Dios, descubrirán formas tanto para vivir su fe en el hogar, trabajo, y cuando se divierten, como a través de su participación en la vida congregacional.

GUÍA PARA LA REFLEXIÓN EN GRUPOS PEQUEÑOS

1. Luego de leer este capítulo, discuta su entendimiento de cómo las prácticas espirituales de la oración, el estudio bíblico, la adoración, el ayuno, la conferencia cristiana y las obras de misericordia pueden ser medios de la gracia de Dios. Tal vez quiera discutir experiencias personales relacionadas a estas prácticas.
2. Repase las oportunidades que su congregación ha ofrecido para el desarrollo profesional de los maestros(as) durante los pasados 12 a 18 meses. ¿En cuáles formas la congregación específicamente proveyó apoyo y ánimo en el desarrollo de una vida espiritual disciplinada?
3. Haga una "tormenta de ideas" de posibilidades para fortalecer la vida de oración de sus maestros(as) y líderes grupales. Incluya varios maestros(as) y líderes grupales en este ejercicio. Formule un plan para ser probado con el resto de los maestros(as).
4. Piense en cómo las oportunidades de desarrollo para maestros(as) y líderes pueden ser experiencias de conferencias cristianas. Discuta lo que necesitaría hacer para hacer de esto una realidad.
5. Actualmente muchas congregaciones planifican su escuela dominical y la experiencia de la adoración al mismo tiempo. Esto quiere decir que algunos maestros(as) no pueden asistir al culto de adoración. Reflexione en la adoración como medio de gracia y las implicaciones de crear una programación que elimine la posibilidad de la participación de los maestros(as) en la adoración.

CAPÍTULO 3

En contacto con el pueblo de Dios

Queridos hermanos, debemos amarnos unos a otros, porque el amor viene de Dios. Todo el que ama es hijo de Dios y conoce a Dios.

1 JUAN 4.7

EN *LIFE TOGETHER*, DIETRICH Bonhoeffer escribe:

> *El cristianismo significa ser comunidad en Jesucristo y a través de Él. Ninguna comunidad cristiana es más o menos que eso. Desde un encuentro breve o sencillo o una relación de años, la comunidad cristiana es exactamente eso. Nos pertenecemos uno al otro solamente en Jesucristo y a través de Él* (© 1954 HarperCollins Publishers, Inc.; p. 21).

¡Qué cita tan poderosa! Es posible y ciertamente deseable sentir que esta frase se hace real a través de las experiencias de los grupos pequeños en nuestras congregaciones. Estas experiencias, guiadas por un maestro(a) diestro(a), tienen el potencial de moldear el conocimiento que tenemos de nosotros mismos como parte del cuerpo de Cristo.

Los maestros(as) que realmente están interesados en fomentar relaciones sólidas y saludables entre los miembros de su grupo, harán todo lo que esté a su alcance para estar en contacto con ellos. Esto va más allá de conocer superficialmente a las personas a las cuales les enseñan. Involucra el compromiso de mantener relaciones prolongadas y profundas con cada cual.

Este sólido conocimiento no solo construye un sentido de pertenencia, sino que moldea el mismo ambiente de aprendizaje. ¿Recuerda el cambio de paradigma mencionado en el capítulo 1, de solo capacitar personas hacia el aprender juntos? Este cambio solamente puede ocurrir cuando los miembros del grupo son contribuyentes activos en el proceso de enseñanza y aprendizaje, en vez de recipientes pasivos.

Podrá parecer una exageración decir que en el modelo escolar los miembros son vistos como objetos, en vez de sujetos. Sin embargo, yo sugeriría, que en ocasiones esto no es tan erróneo. Mientras nuestras congregaciones moldeen las experiencias educativas con la presunción de que el maestro(a) es el experto del conocimiento –el cual otras personas deben obtener, lo hayan pedido o no– estamos en peligro de convertir en objetos a las personas que buscamos alcanzar en la comunidad.

Si tratamos de crear un espacio sagrado en el cual las personas puedan relacionarse con los demás y con Dios a través de Jesucristo, entonces necesitamos identificar y articular los modelos de aprendizaje y enseñanza para que esto suceda. Moldearemos nuestra enseñanza y aprendizaje para permitir a las personas, tanto al nivel individual como en comunidad, descubrir qué Dios quiere que sean.

Esto quiere decir que experimentaremos con crear nuevos modelos. En estos tiempos de cambios rápidos, en ocasiones sabemos más de lo que no funciona en vez de lo contrario. El aprender de los fracasos, al igual que de los éxitos, es clave integral para crecer espiritualmente. El aprender de nuestros fracasos también nos puede ayudar a mejorar la forma en que moldeamos nuestros ambientes educativos.

Los líderes de grupos pequeños, que esperan crear nuevos modelos de formación cristiana apropiados para el mundo de hoy, necesitan desarro-llar una actitud de compañerismo con los miembros de su grupo. Es a través de estar en contacto con el pueblo de Dios que la comunidad de fe es bendecida.

EN CONTACTO CON LA DIVERSIDAD

Una de las formas que estamos en contacto con las personas es reconociendo y buscando entender la diversidad existente en nuestros grupos pequeños. Hay diferencias obvias, tales como la edad, género y trasfondo racial. Cada una de estas diferencias crean variaciones significantes en las cuales los individuos perciben situaciones y juzgan lo que otros dicen y hacen. Nuestras historias personales están siempre presentes en cualquier ambiente educativo. Esos sucesos impactarán en la forma de cómo escogeremos participar dentro del grupo.

Además, hay otras diferencias entre las personas que pueden no ser tan obvias. Sin embargo, cuando comenzamos a prestar atención descubriremos que las personas de nuestros grupos pequeños son diferentes en la forma en que aprenden y cómo experimentan la presencia de Dios. En parte, estas diferencias son una función de la personalidad del individuo.

Tipos de personalidad

El equipo compuesto por Katharine Cook Briggs e Isabel Briggs Myers, madre e hija, trabajaron juntas por muchos años para desarrollar una herramienta que permitiera entender la personalidad. Este instrumento de encuesta se le llama el "Indicador de los tipos de personalidad Myers-Briggs". Estas dos mujeres basaron la mayor parte de su investigación en las teorías del psicólogo Carl Jung.

El "Indicador de los tipos de personalidad Myers-Briggs" incluye cuatro pares de preferencias continuas:

- Extroversión / Introversión
- Sensación / Intuición
- Razonamiento / Sentimientos
- Juicio / Percepción

Dependiendo de las circunstancias, una persona podrá demostrar una variedad de conductas representando los pares anteriores. Sin embargo, la teoría de los tipos sugiere que cada persona, al pasar el tiempo, preferirá uno o el otro de cada par. Estas preferencias son parte de lo que nos hace ser individuos únicos.

EXTROVERSIÓN E INTROVERSIÓN

Veamos el primer par de preferencias, extroversión e introversión. Estamos familiarizados con estos términos. Generalmente usamos palabras como sociable, vivaz y amigable para categorizar a una persona extrovertida. Usamos palabras como tímido, reservado y callado para las personas introvertidas.

De hecho, este par de preferencias tiene poco que ver con lo amistoso. Las personas extrovertidas e introvertidas pueden ser amistosas. La diferencia estriba en cómo son energizados ambos tipos. Las personas extrovertidas se energizan al estar con otros. Obtienen energías del mundo exterior de las personas y las cosas. Los introvertidos obtienen su energía y sostén del mundo interior de las ideas. Los extrovertidos gozan del bullicio y de una gran variedad de conocidos. Los introvertidos prefieren estar en contacto con pocos amigos, más bien aquellos cercanos.

Una de las maneras obvias en las que estas preferencias pueden impactar a un grupo se relaciona a los patrones de comunicación. Los extrovertidos son rápidos para hablar y procesan información verbalmente. Ya que son propensos a "pensar en voz alta", pueden monopolizar la conversación. Los introvertidos procesan información internamente y usualmente piensan lo que van a decir antes de decirlo.

Los maestros(as) y líderes grupales deben variar las actividades del grupo para acomodar estas preferencias. Como espacio de participación para los introvertidos se pueden proveer oportunidades para escribir un diario, la oración en silencio y escribir sus pensamientos antes de hablar. El dividir al grupo en secciones pequeñas puede apelar tanto a los extrovertidos como a los introvertidos. Una persona introvertida se sentirá más cómoda hablando con pocas personas, y una extrovertida no tendrá que frenar su deseo de hablar tanto.

Muchos líderes han descubierto que las relaciones de "tú a tú" son beneficiosas para animar el crecimiento espiritual en las personas. Los mentores(as) o amigos espirituales tienen oportunidades para hacer relaciones duraderas con las personas, y hacer contribuciones significantes a su formación de fe. Una relación con un mentor(a) puede ser de gran beneficio tanto para extrovertidos como introvertidos. Los extrovertidos se benefician de tener a alguien con quien hablar sus asuntos, y los más introvertidos disfrutarán compartir con una sola persona a la vez. Una relación con una amistad respetada puede moldear significantemente el entendimiento grupal de quiénes son con relación a Dios, ya que pueden tratar asuntos de la vida en un lugar seguro con un amigo(a) confiable y beneficiarse al compartir con otras personas sus luchas, gozos e interrogantes.

SENSACIÓN E INTUICIÓN

Este par de preferencias se relacionan a las formas en las cuales las personas toman y usan la información. Quienes prefieren usar los sentidos recogen información a través de ellos –auditivo, vista, olfato, tacto, gusto. Tienden a ser personas prácticas, realistas y prefieren los hechos concretos. Se les describen con frecuencia como personas sencillas y sin rodeos. Aprecian la tradición y desean saber que las actividades en las cuales participarán servirán a un propósito útil. Manejan bien los detalles, hechos y el orden.

Las personas que prefieren la intuición reúnen información en una forma menos concreta. Las intuitivas dependen de su corazonada. Disfrutan considerar cómo se pueden mejorar las cosas y están orientadas al futuro. Les gusta aprender nuevas destrezas y se aburren con la rutina. Se enfocarán más en el significado de una actividad y menos en los detalles.

En un grupo, la diferencias entre ambos se verán en maneras obvias. Mientras que los intuitivos discuten el significado cósmico de los eventos de Cristo, las perssonas sensitivas querrán saber quién estará a cargo de la publicidad del retiro el mes que viene. Ambos hablan lenguajes diferentes y ven al mundo en formastan diversas que encontrarán difícil entender las prioridades de los otros.

Los líderes grupales que están al tanto de los dones que ambos traen a cualquier ambiente deben estar dispuestos a planificar eventos grupales que tengan en mente dichos dones. Las conversaciones que relacionan la fe a la vida diaria deben ser tanto prácticas como teóricas. Las personas intuitivas disfrutarán discutir quién es nuestro vecino; los sensitivos necesitarán ver las implicaciones directas de cómo viven como esposos y esposas, empleados y amigos.

Las personas sensitivas o que prefieren la percepción sensorial, podrán disfrutar la utilización del atlas bíblico, concordancias y otras herramientas de estudio. Responderán a detalles acerca de los tiempos bíblicos, la vida de Jesús, los libros de la Biblia, etc. Las personas intuitivas querrán discutir sobre la teología y los significados de los textos estudiados.

RAZONAMIENTO Y SENTIMIENTOS

La forma en que las personas toman decisiones también está relacionada a los tipos de personalidad. Aquellos con características afectivas, tienden a tomar decisiones basadas en valores y relaciones. Aquellos con las características del tipo de razonamiento tienden a usar la lógica y datos.

Quienes tienen características del tipo de razonamiento, usualmente son analíticos, objetivos y preocupados con los principios de justicia e igualdad. Aquellos que prefieren las emociones son descritos como sensibles, empáticos y buscadores de la armonía. Si no somos cuidadosos, podremos tildar a los del tipo de razonamiento con palabras como insensibles, fríos, o distantes. De la misma manera, consideraríamos a los sensibles como erráticos, ultra emocionales o ilógicos. Ambos tienen emociones, sin embargo, las expresan de formas diferentes.

Los grupos pequeños en la iglesia incluyen a ambos tipos de personalidades. El liderazgo grupal efectivo ayudará a los sensibles a articular lo que sienten acerca de los asuntos de fe. Los líderes también ayudarán a las personas del tipo de razonamiento a la hora de reconocer sus sentimientos.

JUICIO Y PERCEPCIÓN

El último par de preferencias se relaciona con el juzgar y el percibir. Las personas del tipo de juicio aprecian el orden, la estructura y la planificación previa. Las personas del tipo de percepción generalmente asumen que hay información adicional que les será dada en cualquier momento; por ende, tienden a evitar llegar a conclusiones.

Los del tipo de percepción están más dispuestos a tomar las cosas mientras llegan, y tienden a ser más informales y menos cómodos en ambientes institucionales. Mientras que los del tipo de juicio les gusta saber qué esperar. Entienden la rutina y son buenos en cumplir con fechas límites y con completar tareas organizacionales. En un ambiente grupal, habrá quienes prefieran un acercamiento más abierto, y traerán espontaneidad y frescura a la vida del grupo. Quienes prefieran la rutina y el orden mantendrán al grupo con los pies en tierra y en la tarea por hacer.

Cada tipo trae una variedad de dones a un grupo. Solo tenemos que abrir nuestras mentes y corazones para recibir sus dones. Las descripciones previas de los cuatro pares de preferencias son breves, dado el espacio limitado que tenemos aquí. Los cuatro tipos se combinan para crear 16 diferentes combinaciones o tipos.

Tipos de espiritualidad

Urban T. Holmes, en su libro *A History of Christian Spirituality: An Analytical Introduction* (HarperCollins, 1981), busca describir los patrones de la espiritualidad cristiana. Él sugiere que las personas tienden, primeramente, a buscar el "conocimiento" de Dios a través de la lógica y la razón, o a través de las emociones y la intuición. También cree que mientras buscamos este conocimiento, nuestra percepción de Dios puede ser directa o indirecta.

Aunque usemos diferentes acercamientos en ciertos momentos, nos inclinamos a tener una preferencia. Algunas personas usan, generalmente, sus pensamientos para obtener información sobre Dios, y otros usan sus emociones. Algunos perciben a Dios como parte de su ser, involucrado en los detalles diarios de sus vidas, siempre listo para ayudarles. Otros, usualmente le perciben como irreconocible, trascendente, misterioso y maravilloso.

Holmes hace una hipótesis sobre cuatro tipos de espiritualidad basados en las combinaciones de las representaciones previas. Las personas del Tipo 1 (mi designación, no la de Holmes), entienden a Dios a través de sus pensamientos y creen que Dios está presente en su diario vivir. Las personas del Tipo 1 gozan de la discusión teológica y del estudio. Expresan su fe a través de su manera de pensar acerca de Dios. Sienten interés en discernir la voluntad de Dios y ver su presencia activa en el mundo. Para estas personas el contenido es lo primordial. Su mayor interés es cumplir su vocación en la vida.

Las personas Tipo 2 también creen que Dios está presente en su diario vivir. Sin embargo, generalmente entienden a Dios a través de sus emociones. Para ellas es importante relacionarse con Dios y con los demás en la congregación. Expresan sus sentimientos fácilmente y gozan de orar a viva voz, cantar y dar testimonio de su fe. Su enfoque es en la transformación y la renovación personal. Su meta consiste en alcanzar la santidad en sus vidas.

Aquellas personas Tipo 3 también usan sus sentimientos para entender a Dios, sin embargo, le perciben como transcendente. Son introspectivas, pensadoras y disfrutan del silencio y la contemplación. Hallan plenitud en la "jornada" hacia Dios. Los místicos cristianos son ejemplos del Tipo 3. Buscan la renovación de su vida interior.

Las personas Tipo 4 entienden a Dios como un ser misterioso y trascendente, pero se han movido al modo pensativo de recibir y asimilar información acerca de Dios. Su enfoque está en el ideal representado en el reino de Dios. Su meta es la transformación de la sociedad; por eso, tienden a unir la oración y la teología con la acción; participarán muy poco en la vida congregacional; prefieren vivir su fe en el mundo.

Corinne Ware ha desarrollado una encuesta basada en el trabajo de Holmes para ayudar a identificar las formas en que la gente tiende a experimentar la presencia de Dios. Su libro, *Discover Your Spiritual Type: A Guide to Individual and Congregational Growth* (The Alban Institute, 1995), es fácil de leer, incluye la encuesta e información adicional acerca de cada tipo espiritual.

Según Ware, aunque cada uno de nosotros preferimos un tipo en particular, debemos buscar un balance en la vida espiritual. Ella sugiere que el tipo espiritual opuesto al nuestro es del cual aprendemos más. (Para los Tipo 1, el opuesto es el Tipo 3. Los Tipo 4 y Tipo 2 son opuestos.) Además, nos alienta a reflexionar en las fortalezas del tipo opuesto para poder discernir lo que Dios nos quiere enseñar.

Ware sugiere que el tipo espiritual más cercano a nosotros podrá ser el que más nos incomode. Por lo que debemos cuidarnos de no caer en el error de juzgar a los demás en la forma que expresan su fe, especialmente si es diferente a la forma en que nosotros la expresamos.

Los Tipo 1, con su énfasis en el contenido, pueden ser categorizados como impersonales, formales y desconectados. Los Tipo 2 serán criticados como pietistas y sentimentales. Los Tipo 3 serán juzgados como viviendo "una realidad alterna". Los Tipo 4 serán criticados por su devoción que raya en una visión cerrada.

Los maestros(as) y líderes de grupos pueden ayudar a sus miembros a entender y apreciar las diferentes formas en las cuales las personas entienden a Dios. Cuando tenemos información que nos ilumina acerca de la conducta de otros alrededor nuestro, somos menos propensos a llegar a conclusiones desatinadas acerca de su fe y su relación con Dios.

Los maestros(as) y líderes que reconocen los tipos espirituales que están representados en su grupo, también edificarán su ministerio sobre las fortalezas de dichos tipos. Prestarán atención a la forma en que dirigen sus experiencias educativas, eventos grupales y adoración en grupo.

Por ejemplo, grupos con varios Tipo 4 deben incluir oportunidades de servicio fuera del salón de clases, tales como trabajar en un hogar para deambulantes, o construir un hogar a través de "Hábitat para la Humanidad." Si el grupo tiene varios Tipo 3, se puede sugerir el usar un diario espiritual. Para los Tipo 2, deben haber suficientes oportunidades de interactuar con otros miembros del grupo. Si el grupo contiene Tipos 1, hay que proveerles experiencias de estudio con contenido y reflexión.

Diferencias generacionales

En las pasadas décadas, la teoría generacional ha provisto otra manera de entender la diversidad de cómo la gente percibe y responde al mundo. La teoría sugiere que las personas que nacen dentro el mismo ciclo de tiempo forman un "cohorte" [conjunto], que a menudo comparten puntos de vista similares y muestran conductas y actitudes características de su cohorte. Un cohorte típico abarca entre 18-20 años.

William Strauss y Neil Howe son los creadores principales de esta teoría. Ellos han identificado cuatro tipos generacionales y proponen que recurren en el mismo orden con el tiempo. Strausse y Howe dividen cada generación en cuatro fases de la vida y asignan un papel central a cada una de las fases. Cada generación se mueve en las siguientes fases.

Fase de la vida	Edad	Papel principal
Infancia	0-21	Dependencia
Juventud	22-43	Actividad
Madurez	44-65	Liderazgo
Adultez mayor	66+	Mayordomía

Uno de los factores determinantes de cada generación es lo que sucede en la sociedad cuando la mayoría de la generación "llega a la edad" (por ejemplo: cuando los miembros generacionales llegan a la adultez joven). Strauss y Howe creen que dos de estos tipos generaciones son dominantes y los otros dos son recesivos. Las generaciones dominantes son aquellas cuyos miembros "llegan a la edad" cuando enfrentan un despertar espiritual o una crisis secular. Las dos generaciones recesivas se refieren a las personas que son niños durante un despertar o una crisis.

Dependiendo de la fuente, los nombres de cada generación varían, al igual que las fechas relacionadas a la generación. A continuación mencionamos una breve descripción de Strauss y Howe de los tipos generacionales, junto con los nombres comunes y fechas atribuidas a las recientes generaciones para cada tipo:

Generaciones idealistas (dominante, era del despertar)

Los miembros de una generación idealista crecen como jóvenes luego de una crisis secular. Ellos llegan a una edad inspirada por un despertar espiritual. Strauss y Howe resumen las generaciones idealistas como unas que viven un ciclo de vida profético en cuanto a visión y valores.

Los llamados "baby boomers", nacidos entre 1943 y 1960, son la generación idealista más reciente.

Generaciones reactivas (recesivas, era conducida hacia el interior)

Un cohorte reactivo crece como jóvenes desprotegidos y criticados durante un despertar espiritual. Estas generaciones, a menudo, necesitan enfocarse en la sobrevivencia y puede que adopten como norma comportamientos de tomar riesgos.

Las generación rectiva más reciente es frecuentemente conocida como la "generación X" o "posmodernos", quienes nacieron entre los años 1960-1981.

Generaciones cívicas (dominante, era de crisis)

Los miembros de la generación cívica crecen como jóvenes muy protegidos luego de un despertar espiritual. Ellos llegan a la edad luego de la crisis secular. Strauss y Howe las describen como generaciones que vivien un ciclo de vida heroica de logros y recompensas seculares. Del ciclo generacional continuar de acuerdo a la trayectoria de Strauss y Howe, existen dos generaciones actuales identificadas como cívicas: la generación grandiosa, nacida entre los años 1901-1904, y la generación milenaria, nacida entre los años 1982-2003.

Generaciones adaptativas (recesiva, era con énfasis hacia lo externo)

Esta generación crece como jóvenes sobreprotegidos y sofocados durante una crisis secular. Tienden a evitar el tomar riesgos y, a menudo, sobresalen en la negociación de diferencias. De acuerdo a Strauss y Howe, los miembros de esta generación exhiben un refinado ciclo de vida de experiencia/peritaje y colaboración.

Existen actualmente dos generaciones adaptativas (si el ciclo generacional continúa): la generación silenciosa incluye a personas nacidas entre los años1925-1942. La generación digital incluye a personas nacidas después del 2003.

Entonces, ¿por qué debemos interesarnos en la teoría generacional? Parece ser que los tipos generacionales influyen en cómo los individuos perciben y responden a las estructuras, procesos y filosofías de las instituciones, las iglesias inclusive. Los miembros de la generación cívica aprencian a las organizaciones y, a menudo, sirven como el apoyo principal de los propósitos y actividades de las organizaciones. Los miembros de la generación idealista son menos propensos a unirse a las actividades organizacionales y a menudo, actúan diferente a los demás.

En adición, los miembros de diferentes generaciones varían en sus actitudes en relación a las relaciones, el dinero, la toma de decisión y la autoridad. Dichas actitudes influyen sus participación en cualquier lugar designado para la formación de la fe. Los miembros de las actuales generaciones mayores asistirán a la escuela dominical con un sentido del deber. Ellos asistirán con frecuencia a las actividades auspiciadas por la congregación y esperan que la maestra o el maestro dirija el estudio y tome responsabilidad por la planificación de las experiencias grupales.

Las generaciones más jóvenes no participarán en ninguna actividad por la mera razón de que "deben" hacerlo. Escogerán participar en aquello que sea significativo, pertinente y conveniente para ellos. Ellos esperan ayudar con la planificación y el liderazgo, y no verán la necesidad de tener una maestra o maestro.

Como cualquier aspecto de la diversidad, las diferencias generacionales pueden crear malas interpretaciones y conflictos. Las diferencias en prioridades y percepciones pueden resultar en relaciones problemáticas. El liderato de los grupos pequeños puede reducir las tensiones al prestar atención a los valores y prioridades de cada generación en las conversaciones grupales y la planificación. El liderato puede proveer oportunidades a los miembros de compartir lo que es importante para ellos en el contexto de un diálogo respetuoso.

Con frecuencia varias generaciones están juntas en el servicio de adoración, el estudio, la conferencia cristiana o el servicio. Aun cuando haya diferencias, la mezcla de generaciones brinda riqueza a nuestra experiencia. La comunidad está compuesta por personas de todas las edades quienes brindan sus perspectivas diversas y dones espirituales a su vida en común. El ministerio intergeneracional intencional es una de las maneras en que las congregaciones pueden nutrir el crecimiento espiritual de todas las generaciones.

EN CONTACTO AL ESCUCHAR

¿Cómo descubriremos qué tipos de personalidad tienen nuestros miembros? ¿Cómo entenderemos qué tipos espirituales están representados en nuestras clases? ¿Cómo planificaremos nuestras clases y reuniones para que iluminen las experiencias de nuestros miembros? Simplemente, debemos escuchar.

Me gusta pensar en el escuchar sin agenda. Es decir, dejar a un lado nuestros deseos, conjeturas y metas. Simplemente abrirnos para recibir el don del otro ser humano; a sus deseos, sueños, sufrimientos y luchas.

Hay varias herramientas que se pueden usar para prestar dicha atención. Cuando inicia una conversación con uno de los miembros del grupo, puede usar preguntas abiertas que alienten el compartir información. Por ejemplo, si habla con un adulto puede decir:

- Cuénteme sobre qué significa para usted ser un miembro de esta clase dominical.
- Cuénteme sobre qué significa para usted ser un miembro de esta congregación.
- Cuénteme acerca de ser un maestro(a), abogado(a), secretaria(o), etc.).

Si habla con un adolescente, puede decir:

- Cuéntame acerca de ser un miembro de este grupo de jóvenes.
- Cuéntame acerca de estar en el décimo grado de la escuela secundaria en que estás.
- Cuéntame acerca de ser hijo único/hija única.

Si habla con un niño(a), puede decir:

- Cuéntame acerca de tu escuela.
- Cuéntame acerca de la adoración de esta congregación.
- Cuéntame acerca de tu familia.

Cuando se hacen preguntas abiertas, la persona puede decidir qué y cuánto quiere decir. Al escuchar, continúe la respuesta inicial con preguntas adicionales. Podría decirle: "Cuéntame más" o "¿Qué más?"

También puede hacer preguntas que clarifiquen y arrojen más entendimiento. Mientras las personas hablan, tome notas para recordar lo que se está diciendo. Mientras fluye la conversación, se puede indagar más diciendo: "Anteriormente dijiste que disfrutabas tu nuevo trabajo. ¿Qué es lo que disfrutas del mismo?" O, "No estoy muy segura de haber entendido cuando dijiste que no te consideras buen estudiante, ¿puedes abundar más al respecto?"

También querrá escuchar palabras que se repiten. Estas palabras poseen significado importante en la vida de quien habla. Puede usar esas palabras para indicar que está entendiendo lo que se está diciendo. También puede usarlas para pedir más clarificación.

Tal vez quiera tener dos o tres preguntas adicionales listas en caso de que las necesite. Mientras que mi experiencia ha sido que una pregunta abierta, tal como: "Cuéntame acerca de . . ." – le dará suficiente de qué hablar; nunca está demás prepararse.

Este tipo de dinámica de escuchar ayuda a las personas a contar sus historias. Ya que el identificar nuestras propias historias, y cómo se conectan con la historia bíblica, es esencial para el crecimiento espiritual, usted está ofreciendo un gran servicio a los miembros de su clase o grupo cuando les invita a contar sus historias.

Usted se beneficiará de este tipo de dinámica y diálogo en conversaciones de "tú a tú". Es posible incluir algunas de las mismas preguntas como parte de la experiencia grupal; sin embargo, si la meta es conocer mejor a los miembros del grupo, sugiero que se coordinen las entrevistas a lo largo del año.

Esto parecerá extraño al principio, pero les animo a tratarlo. He encontrado que a las personas les gusta hablar. De todas las personas que he entrevistado, una o dos fueron reservadas en compartir información. Y solo para que no le tome por sorpresa, cuente por lo menos con una hora de conversación. Dos o tres preguntas contestadas profundamente tomarán dicho tiempo.

Si uno de los miembros ha iniciado la conversación (o cuando está escuchando dentro de un grupo), puede parafrasear lo que escucha para corroborar con exactitud su entendimiento. Escuche la idea central de lo expresado. Tome nota de los sustantivos y verbos utilizados. Luego vuelva a formular la idea central en sus propias palabras. Por ejemplo, podrá comenzar con: "Si estoy entendiendo correctamente, lo que están diciendo es . . ." Parafrasee siempre que quiera estar seguro(a) del contenido de lo que se está diciendo.

Ya que la comunicación involucra más que palabras, parte del escuchar será prestar atención al tono de voz y la postura corporal de quien habla. En muchas ocasiones nos hemos percatado de estar jugando con nuestros dedos cuando somos impacientes. Cuando nos avergonzamos, nuestros rostros se enrojecen. Cuando estamos incómodos en un grupo, nos alejamos o nos volvemos hostiles. Tanto el alejamiento, como la hostilidad poseen conductas características que les acompañan. Cuando nos alejamos, cruzamos los brazos en el pecho y volteamos nuestras cabezas a la dirección contraria. Al ser hostiles, nos recostamos hacia adelante, fruncimos el ceño y elevamos el tono de voz.

Los líderes grupales necesitan prestar atención a estas comunicaciones verbales y corporales que reflejan el estado anímico del grupo. También necesitamos considerar que el mismo patrón de conductas puede tener más de un significado. Me gusta reír, y lo hago a menudo. Río en muchas situaciones. Cuando me casé, cada vez que me reía, mi esposo pensaba que mi risa era ridícula. Aún tiene problemas entendiendo el porqué río, pero ya está acostumbrado. Y cuando no está seguro, me pide que se lo explique.

John S. Savage sugiere que hagamos un cotejo perceptivo para entender los sentimientos detrás de las palabras (*Listening and Caring Skills in Ministry: A Guide for Pastors, Counselors, and Small Group Leaders*; Abingdon Press, 1996). Comenzamos con una afirmación tentativa para que no supongamos que sabemos en definitiva lo que una persona piensa. Luego, añadimos el sentimiento de lo que creemos está siendo expresado y la razón de tal sentimiento. Por ejemplo, podríamos decirle a un niño(a) de kindergarten: "Sentí que estabas molesto (o no feliz, enojado), cuando no te pedí que ayudarás a servir el jugo. ¿Estoy en lo correcto?"

Cuando reconocemos los sentimientos de quien habla, expresamos nuestra inquietud e interés por esa persona. De acuerdo a Savage, cuando la comunicación fluye libremente entre todos los miembros del grupo, estamos más aptos a lograr la sanidad emocional. Al crear un lugar seguro para expresar los sentimientos sin herir a los demás, edificamos una comunidad cristiana fuerte y fiel.

EN CONTACTO COMO MENTORES(AS)

Cuando los maestros(as) y líderes grupales atienden a sus miembros, entendiendo las formas en las que se expresan, y escuchando los temas importantes de sus vidas, se asocian con Dios en la creación de un ambiente en el cual las personas pueden crecer y aprender. Los maestros(as), en una atmósfera de confianza, aceptación y cuidado, son amigos espirituales de quienes enseñan y de quienes aprenden.

La amistad espiritual es un don de Dios que une a todas las personas. Cuando estamos atentos(as) a los gozos y preocupaciones de los demás, comenzamos a ver cómo Dios está presente y activo en sus vidas. Les ayudamos a reconocer la presencia de Dios llena de gracia y a descubrir cómo responder a la misma. Al interactuar los unos con los otros, llegamos a entender los dones y talentos que cada uno trae a nuestra vida cotidiana. Nos convertimos en uno en el Espíritu de Cristo.

Esta igualdad no debe ser confundida con homogeneidad. La amistad espiritual crea espacios para interrogantes. Los mentores(as) o amistades espirituales hacen preguntas mientras ayudan a los miembros del grupo a reflexionar en sus experiencias a la luz de las Escrituras y la tradición cristiana. Los mentores(as), de la misma manera, se sienten cómodos con las preguntas y las dudas. Reciben con beneplácito la experimentación y el que sus ideas nuevas, conceptos y prácticas sean puestos a prueba.

Al escuchar a los miembros del grupo, los maestros(as) comienzan a entender sus anhelos más profundos. Ayudan a expresar las visiones individuales para sus vidas y a discernir el significado de la vida como parte del cuerpo de Cristo.

En comunidad formamos nuestra identidad como hijos e hijas de Dios. Nuestras amistades espirituales nos reflejan esa imagen y nos ayudan a vernos en esa imagen. Los mentores(as) reconocen nuestro potencial y valor, y nos invitan a explorar nuestro potencial y vivir nuestro valor.

Las relaciones prolongadas con personas influyentes, con integridad y compasión, nos ayudan a continuar creciendo a la imagen de Cristo. Estas relaciones, en tal caso, toman la forma de un peregrinaje. Nuestras clases y grupos pequeños cesan de ser medios de una agenda institucional. Se convierten en campos para la actividad de Dios. Las amistades espirituales son nuestros acompañantes en el camino.

Los mentores(as) en la fe son representantes de la gracia de Dios. A través de sus actitudes, acciones, valores y creencias, las amistades espirituales ofrecen una experiencia de fe encarnada. Nos modelan lo que debe ser una comunidad cristiana. Nos ayudan a abrir nuestros ojos, oídos y corazón a Dios. Nos ayudan a reconocer la verdad de la expresión de Bonhoeffer: "Nos pertenecemos uno al otro solamente en Jesucristo y a través de Él" (*Life Together*, por Dietrich Bonhoeffer; © 1954 HarperCollins Publishers, Inc.; p. 21).

GUÍA PARA LA REFLEXIÓN EN GRUPOS PEQUEÑOS

1. Lea a viva voz la cita de Dietrich Bonhoeffer al final del capítulo. Discuta qué piensa en torno a lo que quería decir Bonhoeffer cuando dijo que nos pertenecemos uno al otro.
2. Invite a un líder certificado a administrar el Indicador de los tipos de personalidad Myers-Brigg a su equipo educativo o a sus clases de adultos de escuela dominical. Pída al líder que interprete los resultados a los maestros(as). Discuta formas de incorporar lo aprendido en sus clases y grupos pequeños.
3. En su equipo educativo, identifique un grupo de personas a ser entrevistadas en los próximos meses. Prepárese para las entrevistas con otras personas en el uso de la percepción y el parafraseo. Posiblemente querrá preparar un formato de entrevista con las preguntas impresas y el espacio para sus contestaciones.
4. Piense, junto a sus maestros(as) y líderes grupales, en las personas que han sido sus amistades espirituales. Sepáreles en grupos de dos o tres para la discusión. Después de que cada uno haya tenido la oportunidad de hablar, pídales que reflexionen en las historias que compartieron. Haga una lista de las características de una amistad espiritual. Discuta cómo los maestros(as) y líderes pueden ser amistades espirituales en su congregación.

CAPÍTULO 4

En contacto con su experiencia

> *No vivan ya según los criterios del tiempo presente; al contrario, cambien su manera de pensar para que así cambie su manera de vivir y lleguen a conocer la voluntad de Dios, es decir, lo que es bueno, lo que le es grato, lo que es perfecto".*
>
> ROMANOS 12.2

EN EL CAPÍTULO 1, vimos la descripción hecha por Loren Mead sobre los cambios dentro de la cultura y la relación de la iglesia con la cultura. Notamos que continuamos experimentando el colapso de la era cristiana en la cual el cristianismo estaba fuertemente cimentado como expresión dominante de la fe. Seguimos experimentando la merma de la autoridad cristiana al momento de influir en las normas y agendas sociales. Vivimos en una sociedad altamente secular. La diversidad y el pluralismo, incluyendo el pluralismo religioso, están para quedarse.

Debemos recordar continuamente que no podemos seguir suponiendo que cada uno en la iglesia posee un entendimiento de la fe cristiana. Miembros de la Iglesia Metodista Unida frequentemente se quejan de que su denominación no toma posturas en nada. Este lamento incluye la falta de conocimiento acerca de las tradiciones de las cuales surgimos –la wesleyana y la Iglesia Evangélica de los Hermanos

Evangélicos Unidos (por ejemplo, nuestro entendimiento particular de la gracia preveniente, justificadora y santificadora y el concepto de santidad de Wesley).

En una cultura poscristiana y posmoderna, es esencial que contemplemos los asuntos relacionados a la identidad cristiana. ¿Quiénes somos como una sola comunidad de fe entre tantas? ¿Qué es distintivamente cristiano en nuestras prácticas? ¿Cómo vivimos nuestra identidad en el mundo de hoy? En otras palabras, ¿cuál es nuestra misión?

Nuestras respuestas a estas preguntas requieren de varios factores. Primero, el contexto en el cual vivimos es uno de los factores principales para determinar nuestra respuesta. A través de las edades, cada generación, cada nación y cada cultura ha relacionado sus experiencias de vida a la lectura de las Escrituras y a la práctica de su fe. Hoy en día hacemos lo mismo. No leemos la Biblia, no tomamos decisiones en torno a nuestra fe, ni adoramos en un vacío. Quiénes somos, dónde y cómo vivimos, y cómo se nos trata, todo afecta nuestro entendimiento de la fe, nuestra relación con Dios y el concepto que tengamos de nosotros mismos.

Segundo, debemos también prestar atención a nuestros modelos de autoridad. ¿Cómo tomamos decisiones acerca de la identidad y la misión? ¿Cuáles experiencias y enseñanzas tienen el mayor valor y credibilidad para nosotros? Cuando nuestras experiencias y enseñanzas se contradicen, ¿cómo determinamos cuál es la de más autoridad?

Tercero, ya que el discipulado cristiano está fundamentalmente relacionado a la forma en que vivimos nuestra fe en el mundo, también debemos atender los enlaces entre nuestras creencias y nuestra práctica. La fe cristiana involucra nuestro ser (identidad) y nuestro hacer (misión). Los cambios en cada nivel de nuestra sociedad nos llaman a volver a examinar nuestras creencias y la forma en que vivimos.

Al intentar equilibrar nuestro contexto con la tradición cristiana, determinar qué está autorizado y descubrir formas apropiadas de servir como discípulos(as) de Cristo en el mundo, debemos usar todos los recursos a nuestra disposición para comenzar a responder estas interrogantes sobre la identidad y la misión. Los capítulos 2 y 3 exploraron algunos de los recursos que tenemos como maestros(as): disciplinas espirituales y herramientas para escuchar y entender a las personas en nuestros grupos pequeños. En este capítulo veremos otro recurso necesario para educar y aprender: la reflexión teológica.

Para el cristianismo protestante, en su mayoría, la teología ha sido el campo de los académicos profesionales y pastores(as). A través de los siglos, la teología se ha convertido en la historia de la religión (para nosotros, el estudio del cristianismo), en vez de la disciplina que toma en serio las conexiones entre nuestra fe y las necesidades del mundo. Quienes asistimos regularmente a la iglesia y vivimos en el "mundo real", tenemos poco tiempo o tendencia a invertir energías en la reflexión teológica.

Esto no debe sorprendernos. En la era cristiana, las personas en la iglesia daban por hecho el poder eclesiástico. Por cientos de años la posición eclesiástica en la sociedad fue estable y constante. Consecuentemente, los feligreses reconocían muy poco la necesidad de la reflexión crítica personal. Le daban poco o ningún valor a la comunicación con el mundo. La iglesia pudo hacer declaraciones, al igual que legislar las moralidades éticas.

Hoy la posición de la iglesia en la sociedad ha cambiado. Experimentamos cambios radicales en cada faceta de nuestra vida. Vivimos un tiempo inestable y, algunos dirían, de caos. Espero haberle convencido de que vivimos en un tiempo que clama por un cambio radical de cómo "hacer iglesia". No podemos seguir como estamos.

Es tiempo para que el laicado reclame su papel como teólogo. Los maestros(as), líderes de grupos pequeños y pastores(as), deben dirigir este esfuerzo para preparar a nuestras congregaciones para alcanzar íntegramente al mundo en el cual vivimos.

La reflexión teológica es simplemente una conversación entre nuestra experiencia, puntos de vista y los recursos de la fe cristiana. Nuestros cerebros están diseñados para filtrar la información del ambiente, ayudándonos a decidir a qué y a qué no prestar atención. A través de la reflexión, identificamos patrones y relaciones y hacemos conexiones entre la información y experiencias nuevas y las experiencias e información previas. Usamos esa información y experiencias, al igual que las interpretaciones que hacemos de cada una, con el fin de darle sentido al mundo que nos rodea.

Los líderes congregacionales que toman en serio su papel como teólogos(as), crearán un ambiente donde se fomente y aliente la conversación teológica. Si nuestras congregaciones van a ser lugares de madurez espiritual, necesitamos maestros(as) espiritualmente maduros. Necesitamos maestros(as) que piensen. Por supuesto que sabemos que todos los cristianos pensamos, y podríamos decir que todos somos ya teólogos. Lo que debemos hacer es desarrollar una consciencia que nos ayude a expresar lo que pensamos.

Cada uno de nosotros posee valores y creencias que moldean la forma en que vemos e interactuamos con el mundo. El mundo, y cómo interactuamos en él, moldean estos valores y creencias. La mayoría del tiempo nuestras acciones son congruentes con nuestros valores y creencias. Sin embargo, si usted es como yo, de vez en cuando se sorprenderá de algo que dijo o hizo; aparentará ir en contra de sus creencias y valores. Cuando eso ocurra, usted descubrirá en qué realmente cree.

Cuando somos sinceros, también reconocemos que nuestras experiencias son limitadas y por lo tanto, incompletas. Ninguno de nosotros tenemos un monopolio de la verdad. La refexión teológica toma en cuenta nuestras limitaciones y nos invita a abrirnos a la exploración de diferentes perspectivas y/o interpretaciones de nuestro contexto y de la fe cristiana. Por medio de la reflexión, atentamos determinar cuán adecuados son nuestros valores, creencias y perspectivas.

CONOCIMIENTO DE NUESTRO CONTEXTO

El contexto de nuestra reflexión teológica es el mundo en donde vivimos. El contexto incluye los asuntos, preguntas, temores y prioridades de nuestra cultura. Nuestro contexto es tanto particular como global.

Como maestros(as), podemos comenzar con nuestra familia, congregación, pueblo, barrio, estado, nación y el mundo entero. El contexto abarca nuestra situación socioeconómica, género, trasfondo racial y étnico y las creencias políticas.

Los anglosajones traemos a la fe nuestra experiencia (nuestro contexto), de vivir en una sociedad altamente tecnológica que valora el individualismo, materialismo, consumismo y la competencia. Muchos de nosotros somos descendientes de inmigrantes que vieron en América la tierra de las eternas oportunidades. Hemos heredado el sueño del progreso inevitable y el bien merecido éxito. Y hemos santificado ese sueño como la meta digna de lograr por todos –no sólo aquí en los Estados Unidos de Norteamérica, sino también en el resto del mundo.

La realidad presente en EE. UU. reta esos sueños y presunciones. Por primera vez en la historia de la cultura dominante en los Estados Unidos, los niños(as) no esperan igualar o superar la condición económica de sus padres. En el pasado siglo, eventos como el Holocausto han hecho que cuestionemos nuestras presunciones acerca de la naturaleza humana y la necesidad del progreso. Las claves para el éxito en nuestra cultura, las cuales habían perdurado en el tiempo –una buena educación, buen empleo, un matrimonio y familia feliz– ya no están necesariamente disponibles para todos. Aun cuando se consiguen, no garantizan necesariamente el éxito.

Esta realidad, incompleta e inaplicable, como será para algunos, es nuestro contexto, nuestra historia. Cuando nuestra historia se cruza con la historia bíblica, descubrimos la presencia activa de Dios en el mundo y en nuestras vidas. Porque creemos en un Dios que actúa en el mundo y a través de él, debemos participar en el mundo. El cristianismo no es deporte para espectadores. Nuestra fe nos ofrece una esperanza al enfrentar el dolor y la confusión. Nuestra fe nos da un punto de vista particular para poder evaluar el mundo y sus valores.

Nuestra fe no nos llama a salirnos del mundo. Somos llamados(as) a participar en un continuo diálogo con el mundo. Este diálogo incluye lo que el mundo tiene que decirnos como cristianos y lo que nosotros, como iglesia de Cristo, debemos decirle al mundo. Mientras que el mundo no puede preparar la agenda de la iglesia, la iglesia sí puede recibir la retroalimentación y el insumo del mundo.

El relato bíblico acerca de la actividad creadora de Dios comienza con las palabras: "En el comienzo de todo, Dios creó el cielo y la tierra" (Génesis 1.1). El evangelio según Juan nos recuerda: "Pues Dios amó tanto al mundo, que dio a su Hijo único, para que todo aquel que cree en él no muera, sino que tenga vida eterna" (Juan 3.16). Al cierre del relato bíblico leemos:

> Después vi un cielo nuevo y una tierra nueva; porque el primer cielo y la primera tierra habían dejado de existir, y también el mar. Vi la ciudad santa, la nueva Jerusalén, que bajaba del cielo, de la presencia de Dios. Estaba arreglada como una novia vestida para su prometido. Y oí una fuerte voz que venía del trono, y que decía: "Aquí

> está el lugar donde Dios vive con los hombres. Vivirá con ellos, y ellos serán sus pueblos, y Dios mismo estará con ellos como su Dios.
> (Apocalipsis 21.1-3)

Como dicen en los círculos eclesiásticos, ¡eso sí es un mensaje! ¿Puede ver el gran amor que Dios tiene para nosotros y el mundo? ¿Puede escuchar el llamado de Dios a compartir ese amor? Nuestra fe, la fe cristiana, es amor en acción; es compromiso con el mundo en el nombre de Cristo, el Único que dio su vida para que otros tuvieran vida. Esta es nuestra vocación cristiana.

Ya estará pensando: "¡Bueno, bueno! Debo reflexionar teológicamente desde mi contexto. Pero, ¿cómo lo hago?" Douglas John Hall, autor de *Thinking the Faith: Christian Theology in a North American Context* (Fortress Press, 1991), sugiere cuatro preguntas para empezar:

1. ¿Cuáles son las víctimas de nuestra sociedad?
2. ¿Cómo las personas más reflexivas de nuestra sociedad perciben nuestro contexto?
3. ¿Qué descubrimos al comparar nuestros valores y metas sociales con los valores y metas identificadas por las fuentes de autoridad?
4. Dentro de la comunidad de fe, ¿cómo nuestro diálogo critica a nuestra cultura?

Cada una de estas preguntas nos llama a la concienciación y fidelidad. Si usted es como yo, las iniquidades e injusticias existentes –en el mundo, nuestras comunidades y familias– nos pueden abrumar. Hall identifica por lo menos tres respuestas posibles. Podremos sentirnos sin esperanza, lo cual lleva al desespero. Podremos negar el dolor y sufrimiento alrededor nuestro, lo cual lleva al desengaño. O podremos ser realistas sin paralizarnos.

La reflexión teológica es, a la postre, un asunto de discernimiento espiritual. A través del estudio ponderado de las Escrituras y nuestra tradición, encontramos el valor para enfrentar los asuntos de nuestro diario vivir. Podemos dar testimonio del triunfo final de la gracia de Dios y su propósito para el mundo. Sin menoscabar la seriedad de los retos ante nosotros, buscamos la dirección del Espíritu Santo para hablar palabras de vida a un mundo adolorido y necesitado.

NUESTRAS FUENTES NORMATIVAS

Nuestra tarea teológica no es solo reflexionar en nuestro contexto, sino saber expresar nuestras creencias y descubrir la raíces de las mismas. Muchas de nuestras creencias surgen de varias fuentes. Esas fuentes pueden ser nuestros padres o madres, maestros(as), pastores(as) u otros líderes de la iglesia, la psicología u otras ciencias sociales, entre otras. No todas las fuentes son cristianas en sus orígenes. Ocasionalmente, encontraremos que las creencias más atesoradas en lo recóndito de nuestro corazón son contradictorias a la fe cristiana.

Como cristianos queremos probar nuestra integridad en nuestras creencias y acciones. Nadie quiere vivir bajo el lema: "Haz como te digo, no como hago". Es, pues, necesario probar cuán constantes y fieles son nuestras creencias y acciones a la luz del evangelio.

Juan Wesley creyó que debíamos juzgar nuestras creencias a la luz de las Escrituras, la tradición, la experiencia y la razón. Estas cuatro normas, al igual que otras fuentes, nos ayudan a identificar lo que está autorizado para nosotros. Veamos cómo nosotros, como maestros(as), podemos incorporar estas cuatro normas en nuestra reflexión teológica.

Las Escrituras

La revelación de Dios encontrada en la Biblia es la historia primaria para nosotros los maestros(as) cristianos. Al leer y estudiar las Escrituras, nos encontramos con la Palabra de Dios. Como cristianos, creemos que tenemos acceso a la presencia de Dios a través del Antiguo y Nuevo Testamentos. Al profundizar en las Escrituras, sus historias impactan nuestro entendimiento de Dios, el mundo y nosotros mismos.

En 1968, la Iglesia Metodista y la Iglesia Evangélica de los Hermanos Unidos se unieron para formar la Iglesia Metodista Unida. Los documentos fundamentales de ambas denominaciones afirman que la Biblia contiene todo lo "necesario para la salvación". Esa afirmación reconoce a las Escrituras como la autoridad primaria para nuestra fe y práctica. (Ver la *Disciplina de la Iglesia Metodista Unida*, 2012, para el texto completo de los "Artículos de Religión" de la Iglesia Metodista Unida y la "Confesión de Fe" de la Iglesia Evangélica de los Hermanos Unidos.)

En las Escrituras descubrimos el mensaje fundamental de la fe cristiana: Dios estaba en Cristo reconciliando al mundo con Él. A través de Cristo recibimos perdón y somos llenados con su presencia. En Cristo somos llamados a ser agentes de reconciliación en el mundo. Estas son las buenas noticias que nos inspiran, nos guían y capturan nuestra imaginación.

El testimonio bíblico nos provee una visión de vida dentro de la comunidad cristiana. También imaginamos lo que significa ser discípulos(as) de Cristo en el mundo. La reflexión teológica anima al diálogo constante. Al reflexionar en las Escrituras, interpretamos su significado para nuestras vidas hoy. Se nos reta a descubrir formas que son fieles a tal significado.

La Biblia nos provee los lentes por medio de los cuales podemos juzgar nuestra experiencia. Esto no es un ejercicio de encontrar textos aislados para justificar nuestras acciones y creencias. Debemos ser bien versados en las Escrituras para descubrir todos los temas que representan cómo Dios se ha dado a conocer y cómo se le ha entendido. Debemos estar al tanto de todo el panorama que describe la relación de Dios con los seres humanos. Ponemos a prueba nuestras presunciones de Dios contrastándolas con las imágenes bíblicas de Dios. Eso significa que debemos estudiar toda la Biblia, no solo nuestras partes favoritas. De otro modo, existe el peligro de una visión limitada, malos entendidos y decepción.

Los maestros(as) deben practicar este tipo de estudio bíblico serio si esperan animar a sus grupos a hacer lo mismo. Al estudiar las Escrituras y leer la Biblia devotamente, nos abrimos a un encuentro con el Dios viviente. Este encuentro nos transforma, nos sostiene y nos prepara para un compromiso con el mundo.

Nuestra experiencia personal de la gracia de Dios crea en nosotros la pasión para comunicar el evangelio a otras personas. Sabemos que nuestro testimonio aislado no garantizará una experiencia similar en nuestros grupos. No obstante, nuestro testimonio, sin duda, tendrá más poder de lo que sería sin entusiasmo o convicción. Quienes educamos debemos crear un ambiente educativo que motive hacia el estudio profundo de la Biblia y a la reflexión crítica de su significado para nuestra práctica del discipulado cristiano.

La tradición

Como cristianos tenemos una herencia rica. Leemos en Hebreos 12.1: "Por eso, nosotros, teniendo a nuestro alrededor tantas personas que han demostrado su fe". Aunque no sepamos quienes son los escritores, pensadores y practicantes cristianos más famosos, hemos sido formados por sus pensamientos, estilos de adoración e interpretaciones de la fe. Nosotros no creamos el evangelio; esto es un don de Dios que nos llega de quienes nos antecedieron.

La tradición cristiana puede ser descrita como un depósito o reserva de las enseñanzas de la iglesia sobre de Dios y su acción a través de Jesucristo. La tradición incluye a las Escrituras, sin embargo no se limita a ellas. La tradición también abarca nuestros himnos, credos, símbolos, ritos y lenguaje de fe.

Los metodistas unidos tenemos mucho en común con otras denominaciones cristianas. Junto a nuestros hermanos y hermanas en Cristo creemos en:

- La Trinidad (Creador, Redentor y Consolador);
- El don de salvación por Jesucristo;
- La justificación por gracia a través de la fe;
- La autoridad de las Escrituras;
- El reino de Dios, presente y futuro.

Los metodistas unidos también atesoramos algunas doctrinas peculiares, incluyendo:

- La gracia preveniente, justificadora y santificadora;
- El balance de fe y obras (obras de piedad y obras de misericordia).

La tradición cristiana está unida integralmente a la identidad cristiana. Cuando optamos por identificarnos con la comunidad cristiana, elegimos participar en una forma continua y particular de vivir y comportarnos en un mundo con raíces pasadas y visión futura. Hasta hace poco, no era inusual el considerar los términos "norteamericano" y "cristiano" como sinónimos. Muchos norteamericanos que se identificaban como cristianos así lo hacían sin optar conscientemente en seguir a Cristo como ejemplo. El hecho de que el cristianismo haya influido a la cultura norteamericana, no significa que todos los norteamericanos sean automáticamente cristianos. Como maestros(as) y teólogos(as), debemos intentar discernir qué partes de nuestra tradición son distintivamente cristianas y cuáles son exclusivamente culturales.

No sugiero que la tradición sea confundida con una adhesión rígida a reglas y prácticas irrelevantes. La tradición no es adoración al pasado; eso sería idolatría. Tampoco la autoridad de la tradición debe ser traducida a: "Siempre lo hemos hecho de tal manera y siempre lo haremos". De hecho, Wesley usó la tradición como un medio para criticar a las prácticas de la iglesia de su época, en vez de un elemento mantenedor del *status quo*.

Para los propósitos de la reflexión teológica, usamos la tradición en diálogo con las Escrituras, la razón y nuestra experiencia para discernir el llamado de Dios y determinar las respuestas apropiadas a tal llamado. La tradición es uno de los recordatorios de que estamos en comunidad con otras personas cristianas mientras buscamos obedecer y ser fieles a la dirección divina. La tradición es normativa pues continúa hablando a la sociedad contemporánea en formas significativas.

Permítame contarle una historia. Por nueve años, mi esposo sirvió en la Fuerza Naval de los Estados Unidos. De esos nueve años vivimos tres en Japón. Mientras estábamos allá, yo estaba activa en los servicios de adoración de la capilla en la base naval. Eran servicios protestantes "genéricos", pero no eran tan diferentes a los servicios de adoración de la Iglesia Metodista Unida a los cuales estaba acostumbrada. Aprendí algunos himnos nuevos y recité unas cuantas oraciones nuevas. Pero en la mayoría del tiempo, no me percaté de los cambios drásticos ocurridos en mi experiencia de adoración.

Al regresar a los Estados Unidos, trabajé de nuevo en una congregación metodista unida. El primer domingo que participé de la Cena del Señor, no estaba preparada para vivir el poder de la experiencia. Escuché, luego de tres años, las palabras que había escuchado desde mi infancia: "Qué la misma noche que el Señor Jesús fue traicionado, tomó en sus manos el pan y, después de dar gracias a Dios, lo partió y dijo: 'Esto es mi cuerpo dado por todos ustedes'".

Lágrimas bajaron por mis mejillas. A decir verdad, lloro cada vez que cuento esta historia. De repente supe, sin duda, que estaba en casa; no simplemente en un lugar familiar o en "los Estados Unidos de

Norteamérica". Había regresado a mis raíces espirituales, y sabía que estaba en casa.

Eso es lo que la tradición puede hacer en nosotros. La tradición crea un hogar –un lugar donde somos conocidos y amados; donde se nos invita a pertenecer a la comunidad. La tradición puede ser la puerta principal a lo santo. Cuando es así, la tradición le da autenticidad a nuestra experiencia y nos ofrece una guía para reflexionar en dicha experiencia.

La experiencia

Nuestra experiencia emerge de nuestro contexto y moldea cómo vemos el mundo y cómo optamos interactuar con los demás. Desde una perspectiva wesleyana, la experiencia se relaciona específicamente a la experiencia religiosa, especialmente a nuestro nuevo renacer en Cristo. Robin Maas pregunta si es posible para la iglesia cristiana identificar una experiencia religiosa como una experiencia común o un grupo principal de experiencias (*By What Authority: A Conversation on Teaching Among United Methodists*; editado por Elizabeth Box Price y Charles R. Foster; Abingdon Press, 1991). Luego ella hace la hipótesis de que sí es posible. Usando la enseñanza histórica de la iglesia, con base en las Escrituras, ella identifica esa experiencia principal como un encuentro directo con el Cristo resucitado, el cual nos llama a la sumisión y forma la base para un discipulado fiel.

Esta experiencia general "confirma" las enseñanzas de las Escrituras y la tradición en torno a cómo Dios ha estado y está activo en las vidas de los seres humanos. Wesley ciertamente creía que los cristianos no debían adherirse a unas reglas establecidas acerca de Dios. Él sabía que la experiencia da vida a lo que manifestamos creer y enseñar en la adoración y en la educación cristiana.

Estudiemos un caso. Hace varios veranos, mi hijo Jeremy asistió una semana al campamento en la iglesia. Regresó a casa cantando todas la canciones aprendidas en esa semana. Muchas de las canciones estaban relacionadas al Espíritu Santo y, aparentemente, los consejeros les habían hablado a los acampadores acerca del Espíritu Santo. Jeremy obviamente disfrutó los ritmos vivos de las canciones, y apreció la forma en que los consejeros habían expuesto el tema a los acampadores.

Sin embargo, al él seguir hablando de su semana, repentinamente paró de hablar, me miró y me dijo: "¿Has sentido alguna vez al Espíritu Santo?" Cuando respondí afirmativamente, simplemente me dijo: "Cuéntame". Jeremy me bendijo con la oportunidad de conectar lo aprendido con lo experimentado. Su invitación me dio la oportunidad de compartir con él la presencia real de Dios en mi vida.

Nuestra experiencia con el Cristo resucitado nos une con todos los que confiesan a Jesús como Señor. Esta unidad como cuerpo de Cristo es celebrada y sellada en el bautismo. Mientras se desarrolla nuestro camino de fe, intentamos alinear todas nuestras experiencias con la experiencia transformadora de la gracia divina, siempre presente y disponible para nosotros. Mas nos recuerda que la meta en la vida cristiana es más que recibir perdón y vivir una vida buena. Según Wesley, es la santidad del corazón y la vida.

En este momento quisiera destacar la posible dicotomía que existe dentro de nuestras congregaciones con relación a la experiencia religiosa. Debo recordar la diversidad de los tipos espirituales descritos en el capítulo 3. Las personas que alcanzan conocer a Dios a través de sus emociones, se sienten muy cómodas al considerar la experiencia religiosa como normativa en su reflexión teológica. Puede que critiquen o simpatizen con aquellos que no exhiben ninguna evidencia de tal experiencia personal.

Aquellos que tendemos a "conocer" a Dios a través de nuestro pensar, desconfiaremos de lo que no puede ser explicado lógicamente. Para nosotros, la experiencia religiosa podrá chocarnos como algo para sentirse bien, y parecernos una teología vaga o confusa.

No es sorprendente, pero esta dicotomía es falsa. La experiencia religiosa incluye tanto el pensar como las emociones, el ser como el hacer. La validez de la experiencia religiosa está basada en cómo esa experiencia nos mueve hacia la autenticidad e integridad como fieles cristianos.

La razón

La razón lleva a la reflexión teológica hacia una búsqueda disciplinada para que amemos a Dios con toda nuestra mente. La comunidad de fe se compromete en una reflexión cuidadosa para discernir lo que es idolatría de lo que es fiel.

En el mundo de hoy, igualamos la razón con el pensamiento y la lógica racional. John B. Cobb, Jr., autor de *Becoming Thinking Christian* (Abingdon Press, 1993), está en desacuerdo con esta conjetura. Él ve la razón más como la profundidad de entendimiento, claridad de mente y comprensión. Su interpretación confirma el entendimiento de Wesley acerca del papel y función de la razón.

Juan Wesley, quien vivió la Era de la Ilustración, frequentemente apeló a la razón como norma para la fe y práctica cristianas. Sin embargo, estaba al tanto de que no funcionaba igual que las Escrituras, la tradición y la experiencia. Él consideró la razón como herramienta para nuestro entendimiento e interpretación de la Biblia, la tradición cristiana y la experiencia.

En su sermón "The Case of Reason Impartially Considered" [El caso de la razón considerado imparcialmente], Wesley sugirió que la misma consistía de tres componentes. El primero es una "comprensión simple". En este nivel la razón toma la nota de información o dato. La segunda función es el "juicio". Cuando usamos la razón de esta forma, procesamos nueva información y la comparamos con la que ya conocemos. Comenzamos a categorizar la nueva información de acuerdo a la previa. Wesley describió el tercer componente de la razón como el "discurso". En esta etapa, no solamente organizamos y categorizamos nueva información, sino también evaluamos la relación entre el dato viejo y el nuevo. Sintetizamos nuevas ideas con el dato viejo. Somos capaces de identificar problemas y desarrollar estrategias para enfrentar dichos problemas y comienza a surgir el nuevo aprendizaje.

Para propósitos de este capítulo, sugiero que el tercer componente, la razón, es el que más directamente se relaciona a la reflexión teológica. Al estudiar la Biblia, al reflexionar en nuestras experiencias y las de otros, y al comprometernos a dialogar con la tradición cristiana, usamos nuestra razón para identificar y probar prácticas y valores cristianos apropiados para hoy. Con nuestras mentes consideramos nuevas posibilidades para vivir como cristianos en el mundo de hoy.

Cuando estemos tentados a evadir asuntos difíciles, particularmente aquellos con la habilidad de dividirnos y herirnos, nuestra razón nos ayudará a "permanecer en la mesa" y trabajar en examinar los asuntos, explorar posibles cursos de acción y luchar con las preguntas.

AL HACER CONEXIONES

El discipulado cristiano significa participar en la actividad continua de Dios en el mundo. ¿Por qué menciono actividad en un capítulo relacionado a la reflexión teológica? Si la reflexión teológica no impacta nuestras acciones, es simplemente "un metal que resuena o un platillo que hace ruido" (1 Corintios 13.1).

Mientras reflexionamos en las Escrituras y la tradición (hacer reflexión teológica), mejoramos nuestra habilidad de ver al mundo a través del lente de la fe. Mientras fortalecemos nuestra habilidad de analizar problemas que nos aquejan, crecemos en nuestra observación de la necesidad de cambio. Mientras aumentamos nuestra habilidad de percibir la presencia y actividad de Dios en el mundo descubrimos nuevas formas de participar en el ministerio. Al adorar y aprender juntos, edificamos un significado compartido, y afirmamos y apoyamos nuestra vida y misión en común.

Al comienzo de este capítulo mencioné que la reflexión teológica es, al final, un asunto de discernimiento espiritual. Cuando como maestros(as) practicamos la reflexión teológica, buscamos descubrir cómo Dios está activo en el mundo y en nuestras vidas. Discernimos las formas en las cuales Dios nos llama a ministrarle a nuestras familias, congregación y comunidad.

Al congregarnos con otras personas en nuestra comunidad de fe, descubrimos significado en el presente y esperanza para el futuro. Como maestros(as)-teólogos(as), afirmamos con los profetas de antaño proclamando:

> Señor, tú eres mi Dios;
> yo te alabo y bendigo tu nombre,
> porque has realizado tus planes admirables,
> Porque tú has sido un refugio para el pobre,
> un protector para el necesitado en su aflicción,
> refugio contra la tempestad,
> sombra contra el calor.
>
> (Isaías 25.1, 4)

Al conectar nuestros pensamientos con nuestras acciones, percibimos la relación entre nuestra reflexión teológica y nuestra responsabilidad con el discipulado cristiano.

GUÍA PARA LA REFLEXIÓN EN GRUPOS PEQUEÑOS

1. ¿Cómo se ve usted como teólogo(a)? ¿Qué fuentes informan y moldean su reflexión teológica?
2. Con su comité educativo o ministerio de nutrición, o grupo de maestros(as), haga una lista de asuntos que enfrentan su congregación y comunidad. Explore textos bíblicos y tradiciones de la iglesia que les puedan ayudar a desarrollar una estrategia de interpretación y respuesta a los asuntos (por ejemplo, oraciones o afirmaciones de la *Disciplina de la Iglesia Metodista Unida*, 2012).
3. Auspicie una serie de sesiones grupales sobre la autoridad de las Escrituras, la tradición, la experiencia y la razón. Preste atención particular a ayudar a los participantes a reconocer cómo pueden usar (o querrán comenzar a usar) cada una de estas normas en su fe y prácticas cristianas. (No use estas sesiones para adoctrinar miembros con su perspectiva particular acerca de la autoridad.)
4. Seleccione un libro relacionado a las disciplinas espirituales de los "Recursos adicionales", al final del libro. Mientras estudia el libro con un grupo de maestros(as), equipo ministerial o clase de adultos, discuta la relación entre las disciplinas espirituales y la reflexión teológica.

CAPÍTULO 5

En contacto con el mundo

Ustedes son la luz de este mundo. Una ciudad en lo alto de un cerro no puede esconderse. Ni se enciende una lámpara para ponerla bajo un cajón; antes bien, se la pone en alto para que alumbre a todos los que están en la casa. Del mismo modo, procuren ustedes que su luz brille delante de la gente, para que, viendo el bien que ustedes hacen, todos alaben a su Padre que está en el cielo.

MATEO 5.14-16

JESÚS NOS LLAMA A ser la "luz del mundo". ¡Qué tremenda responsabilidad! Como colaboradores de Dios, trabajamos hacia la transformación del mundo a lo que Dios quiere que éste sea. Esa es nuestra vocación cristiana.

Podemos verbalizar este llamado como la participación en la misión y ministerio de la iglesia. Eso suena más manejable. Aun así, no importa la palabra usada, no hay escape del hecho de que como cristianos tenemos una responsabilidad de vivir nuestra fe en el mundo. Nuestra identidad está fundamentalmente ligada a nuestra misión.

Ya hemos discutido en el primer capítulo la misión de la iglesia –La misión de la iglesia es compartir el evangelio de Jesucristo con todo aquel que esté en contacto con nosotros. Las formas particulares en las cuales participemos de la misión variará de congregación en congregación, y de persona en persona.

Obviamente, una de las formas en que participamos como líderes y educadores es a través de la enseñanza y el liderazgo. Sin embargo, no deben ser nuestras únicas formas de servicio. Nuestro liderazgo en los grupos pequeños ayuda a capacitar a los miembros de la comunidad de fe a vivir como discípulos cristianos. Además del servicio, la congregación, también debemos buscar formas de suplir las necesidades de la comunidad en donde nos encontramos y vivimos.

En este capítulo exploraremos el tema de la responsabilidad de nuestro discipulado cristiano. Para algunos de nosotros, la palabra *responsabilidad* conjura todo tipo de imágenes negativas. Realmente no queremos que otros nos digan qué hacer. Como veremos, la responsabilidad, desde el punto de vista cristiano, está más relacionada a una vida espiritual, enfocada internamente, a una autoridad externamente impuesta.

El tema de la responsabilidad cristiana ha sido ampliamente discutido y debatido desde tiempos bíblicos. En el centro del asunto está la relación entre la gracia y la responsabilidad.

Muchos debates teológicos relacionados a este asunto han girado en torno a lo siguiente:

- La base de la salvación
- La pregunta sobre el libre albedrío
- El propósito de las buenas obras
- La naturaleza de la gracia divina

Quizás sea buena idea comenzar reconociendo que una de nuestras presunciones básicas de la fe cristiana es que el pecado humano nos separa de Dios y del prójimo. Asimismo, tenemos que reconciliarnos con Dios y con el prójimo. Esto no puede lograrse por nuestros propios esfuerzos. Creemos que por Jesucristo somos perdonados del pecado. En Cristo, nuestras relaciones con Dios y con el prójimo son restauradas. Juan Wesley y otros lo describieron como la justificación.

Los asuntos destacados anteriormente tratan sobre cómo "obtenemos" salvación. Wesley, como hemos dicho ya, estaba claro de que somos justificados únicamente por la fe. No hay doctrinas que nos hagan coincidir para estar en una relación salvadora con Dios. No hay una conducta establecida a la cual adherirnos para estar relacionados con Dios. Porque Dios nos creó y nos amó, nos ofrece por la gracia la oportunidad de estar en relación con Dios (Efesios 2.8-9).

Si la justificación resultara de algo que pudiéramos hacer, entonces, según Wesley (y Pablo, Jesús y los profetas antes que él), estaríamos operando bajo un sistema legalista. Aún estaríamos sujetos a la ley, como era entendida por los líderes judíos del tiempo de Jesús. No tendríamos seguridad del perdón de Dios y su aprobación, porque nunca estaríamos seguros de haber hecho las cosas "correctas".

Sin embargo, si la justificación es únicamente un don de gracia de Dios, podemos ciertamente confiar en el perdón y amor de Dios. Todo lo que Dios requiere de nosotros para ser salvos es aceptar sus dones. Esta respuesta es un acto de nuestra voluntad humana. Los metodistas unidos creemos que Dios nos ha dado libertad de aceptar o rechazar la oferta de tener una relación con él. Si tenemos libre albedrío, entonces debemos asumir la responsabilidad de nuestra respuesta.

La responsabilidad humana puede ser descrita como la otra cara de la gracia de Dios. Esto es un remedio significante para aquellos de nosotros que puedan malinterpretar la gracia justificadora de Dios. Podríamos estar tentados a preguntar: Si no somos salvos(as) por nuestros esfuerzos, ¿podemos hacer lo que queramos? ¿Existen límites a la libertad humana? Si Dios nos perdona por su gracia, ¿estamos en la libertad de pecar, suponiendo que seremos perdonados?

El Apóstol Pablo y Wesley ambos exclamaban un rotundo "¡No!". Pablo le escribió a la iglesia en Roma:

> *¿Qué diremos entonces? ¿Vamos a seguir pecando para que Dios se muestre aún más bondadoso? ¡Claro que no! Nosotros ya hemos muerto respecto al pecado; ¿cómo, pues, podremos seguir viviendo en pecado? ¿No saben ustedes que, al quedar unidos a Cristo Jesús en el bautismo, quedamos unidos a su muerte? Pues por el bautismo fuimos sepultados con Cristo, y morimos para ser resucitados y vivir una vida nueva, así como Cristo fue resucitado por el glorioso poder del Padre.*
>
> *(Romanos 6.1-4)*

Como pueblo perdonado y reconciliado, somos llamados a tener la mente de Cristo, la cual nos incita a servir al prójimo (Filipenses 2.4-8). El seguir a Cristo lleva a acciones concretas. Participaremos en las buenas obras –alimentar a los hambrientos, cuidar a los enfermos y a los pobres y recibir al extranjero y al rechazado.

Nuestro servicio, nuestras buenas obras, son una respuesta a la gracia de Dios, no incentivos para recibirla. Son "frutos" de nuestra fe. Las buenas obras, las cuales siguen a la justificación, son actos de obediencia, no de obligación. Nuestras acciones nacen de la gratitud, no del temor. Son distintivos de la disciplina y madurez cristianas.

Wesley conectó las buenas obras con la gracia santificadora de Dios, a lo que él llamó "el camino a la perfección". Las buenas obras son signos externos de nuestra "santidad de corazón" interna. Son consecuencia natural de estar relacionados con Dios. Así como la gracia justificadora nos llevó a una relación con Dios a través de Cristo, la gracia santificadora de Dios crea en nosotros una voluntad de obedecer fielmente a través del poder del Espíritu Santo.

Podemos sentirnos incómodos con aquello que suena a idioma de la iglesia cuando hablamos términos como justificación y santificación. Lo importante aquí es lo práctico de la teología wesleyana. Wesley creía que Dios nos llama a tener una relación con él y nos permite vivir fielmente en dicha relación. Esta relación toma una forma práctica y específica en nuestras acciones, al igual que en nuestras creencias.

Wesley usaba ocasionalmente la imagen de una casa para que sus feligreses entendieran la gracia de Dios. Él comparó la verja de una casa, con la gracia preveniente, la cual trabaja sin que nos demos cuenta. Comparó la gracia justificadora con la puerta principal. La gracia santificadora es la que nos ayuda a hacer de la casa nuestro hogar, el lugar donde pertenecemos y vivimos. Quien se haya mudado a otra casa, sabe que toma tiempo sentirse cómodo en ella. Este proceso continuo de hacer nuestro "hogar" espiritual con Dios, es la obra de la gracia santificadora.

LA RESPONSABILIDAD Y LA FORMACIÓN CRISTIANA

Como cristianos, debemos aspirar a profundizar nuestra relación con Dios. Debemos explorar cómo servir mejor a la humanidad y cómo proteger al mundo natural. Podríamos describir esta responsabilidad como un enfoque y una disciplina.

Al mantener nuestro enfoque

Participo en un grupo de estudio y oración semanal en mi lugar de trabajo. En un año en particular, leímos y discutimos el Evangelio según Mateo. Una de las lecturas semanales asignadas cubrió el noveno capítulo. He seguido leyendo con regularidad el capítulo como ejemplo de cuán enfocado Jesús estaba en hacer la voluntad de Dios.

He aquí un resumen de los hechos de dicho capítulo:

- Jesús sanó a un paralítico, el cual fue traído por sus amigos.
- Jesús llamó a Mateo, recolector de impuestos, a seguirle.
- Jesús cenó con "muchos recolectores de impuestos y pecadores".
- Jesús resucitó a la hija de un líder de la sinagoga.
- Jesús (mientras iba a ver a la hija del líder de la sinagoga) sanó a una mujer que llevaba doce años con problemas de flujo de sangre.
- Jesús restauró la vista a dos ciegos.
- Jesús expulsó un demonio.
- Jesús enseñó en las sinagogas, "proclamando las buenas nuevas del reino".
- Jesús sanó "cada enfermedad y cada mal".

Al observar estos hechos de Jesús, los fariseos y otros grupos religiosos continuamente lo retaban. Lo acusaban de blasfemia (por atreverse perdonar los pecados de un paralítico), y de no cumplir con la ley (por comer con personas "impuras"). Le criticaban por no ayunar como las demás personas piadosas.

Jesús era una persona ocupada ¡Me cansé con solo leer este capítulo! Pero, más importante aún, comencé a echar un vistazo al constante compromiso de obedecer a Dios. A sus críticos le respondió: "Los que están buenos y sanos no necesitan médico, sino los enfermos. Vayan y aprendan el significado de estas palabras: 'Lo que quiero es que sean compasivos, y no que ofrezcan sacrificios'" (Mateo 9.12-13). Quienes buscaron su misericordia, Él les ofreció compasión "porque estaban cansados y abatidos, como ovejas que no tienen pastor" (Mateo 9.36).

Misericordia, compasión, sanidad, perdón –estos eran los primeros dones que Jesús le daba a quienes encontraba en el camino. Y nunca dejó que sus críticos lo desviaran del camino trazado. Después de su bautismo, dedicó 40 días en el desierto clarificando el propósito de Dios en su vida. (Ver Lucas 4.1-13 sobre la experiencia de Jesús en el desierto.) Jesús no vaciló en hacer lo que creía Dios le había encomendado una vez comenzó su ministerio público.

Juan Wesley también era un hombre enfocado. De hecho, estoy segura que ustedes saben que el nombre metodista fue un término despectivo usado por los compañeros de Wesley, quienes consideraban extremo su uso metódico de las disciplinas espirituales.

Mientras el movimiento metodista crecía, Wesley desarrolló las "Reglas Generales" para guiar a aquellos que también buscaban enfocarse en el ejercicio de su discipulado. De acuerdo a estas reglas, los miembros de las sociedades metodistas debían:

- No causar daños (incluía evitar el mal);
- Hacer todo el bien posible (incluyendo la asistencia física, al igual que la espiritual);
- Participar de todas las "ordenanzas de Dios" (entendidas como los medios de gracia descritos en el capítulo 2).

David Lowes Watson, a través de su labor con grupos de Pacto de Discipulado y Líderes de Clase, nos ha provisto un entendimiento contemporáneo de este tipo de enfoque (*Forming Christian Disciples: The Rol of Covenant Discipleship and Class Leaders in the Congregation*; Wipf & Stock, 2002). Watson identifica las dimensiones individuales y comunitarias de amar a Dios y al prójimo, las cuales a su vez están edificadas sobre el entendimiento wesleyano de las "obras de piadad" y las "obras de misericordia".

La dimensión individual de las "obras de piedad" incluye "hechos de devoción" (oración, estudio bíblico, ayuno). La dimensión comunitaria incluye "obras de adoración" (participación en el ministerio de la palabra y sacramento). La dimensión individual de las "obras de misericordia" incluye "actos de compasión" (la respuesta a la necesidad humana en el mundo). Como cuerpo de Cristo, llevamos a cabo los "actos de justicia" (trabajando para cambiar los sistemas, políticas y estructuras que mantienen la desigualdad y la injusticia entre las personas). La siguiente figura provee una ilustración gráfica de este concepto.

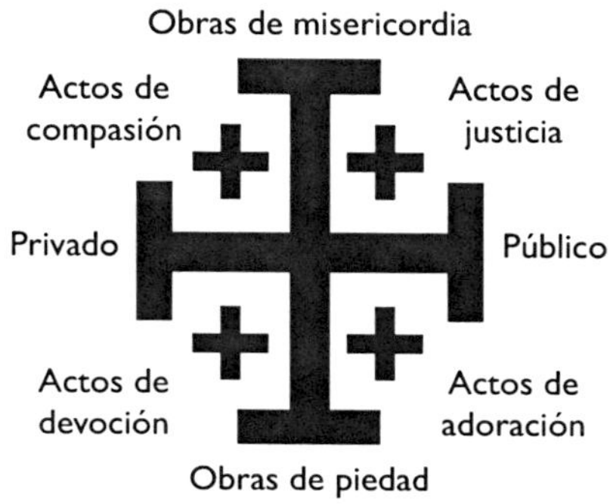

Como educadores(as), debemos enfocarnos en nuestro discipulado. Debemos desarrollar e implantar un plan de crecimiento espiritual (oración personal y estudio bíblico), y participar en la adoración congregacional. Así, expresamos nuestro amor a Dios y continuamos creciendo en nuestro discernimiento de la presencia y dirección de Dios.

También debemos buscar oportunidades de amar a nuestro prójimo como a nosotros mismos, expresando compasión y luchando por la justicia (Marcos 12.31). Estas oportunidades pueden ser tan formales como visitar regularmente a los residentes de un hogar para envejecientes, ayudar a construir un hogar a través de Habitat para la Humanidad, o auspiciar una campaña de cartas que auspicie una reforma de salud. Debemos estar atentos a las oportunidades informales que tenemos a diario para demostrar bondad a las personas. Podemos demostrar paciencia, en vez de irritación, cuando esperamos en el tráfico o estamos en fila en el banco. Podemos tomar el tiempo para escuchar a un adolescente en la calle. Podemos hacer las compras para una amistad que está enferma.

Ya que las necesidades mundiales son tan numerosas, tenemos muchas oportunidades para practicar nuestro discipulado. Al enfocarnos en el llamado de Dios al servicio, descubriremos los dones que hemos recibido de Dios para tal servicio. Mientras seguimos practicando las disciplinas espirituales, seguiremos descubriendo nuevamente la realidad de la gracia de Dios en nuestras vidas y en el mundo alrededor nuestro. Tanto en nuestra práctica como en nuestra reflexión, continuaremos la danza de la gracia y la responsabilidad.

Al llevar una vida disciplinada

Uno de los secretos del éxito del movimiento metodista, en sus inicios, fue la forma en que Wesley organizó a las personas en grupos pequeños de apoyo para ayudar en su peregrinar cristiano. Él entendió que las personas necesitaban ánimo, hermandad y ayuda al aspirar a un discipulado fiel. Wesley estaba convencido de que el discipulado cristiano podía ser sustentado a través de una hermandad responsable.

Existían varios grupos a los cuales se podían integrar las personas. El primero era una de las sociedades metodistas. Una sociedad podía ser un grupo considerablemente grande. La membresía estaba abierta a quien quisiera vivir una vida en santidad a través de la obediencia a Cristo y estuviera dispuesto a observar las reglas de la sociedad. Las sociedades se reunían una vez por semana para orar, confesarse, predicar y apoyarse mutuamente.

Las sociedades se dividían en clases, que también se reunían semanalmente. Esto grupos más pequeños tendían a incluir personas que vivían en el mismo vecindario. Los miembros se reunían con un líder para obtener discernimiento espiritual y para compartir los gozos y luchas de sus vidas espirituales. El líder, asignado por Wesley, era responsable de conocer bien a todos los miembros de la clase y examinar a cada miembro de la clase a la luz de las "Reglas Generales". El responder a las preguntas reflejaría el estado de la vida espiritual de cada miembro. El líder entonces aconsejaría a base de lo que había escuchado.

Aquellos cristianos con cierto nivel de madurez también podía participar en una "banda". Mientras que la membresía en una clase era obligatoria para todos los miembros de la sociedad, la membresía en una banda era opcional. Estos eran grupos integrados por cinco a diez personas, de un solo sexo por grupo, que se reunían en fraternidad y para buscar apoyo. Cada banda escogía su propio líder de entre los miembros. La estructura de las bandas era menos formal que la de los otros grupos. Sin embargo, la naturaleza de la conversación generalmente era más personal e intensiva. Su enfoque estaba en un crecimiento espiritual avanzado.

A veces, los miembros individuales de una clase o banda escribían un pacto personal a manera de afirmación para vivir fielmente en respuesta a la gracia de Dios. El pacto cubriría aspectos de su vida espiritual que debían mejorar. De acuerdo a David Lowes Watson, estos "pactos eran una marca de madurez, una expresión de parte de discípulos maduros con la necesidad de tener algo que les sostuviese en el camino" (*The Early Methodist Class Meeting: Its Origins and Significance*; Wipf & Stock, 2002). Aunque la clase se convirtió en la unidad básica del movimiento metodista, cada uno de estos grupos compartían varias características en común:

- Compartir la experiencia religiosa a través de testimonios;
- Una búsqueda de santidad personal y crecimiento en gracia;
- Autoexaminación;
- Compromiso con la libertad de opinión;
- "Velar por los demás en amor".

LA RESPONSABILIDAD EN EL MUNDO DE HOY

No es menos difícil vivir como discípulos(as) cristianos hoy de lo que fue en la época de Wesley. Los maestros(as), pastores(as) y otros líderes congregacionales deben buscar apoyo y ánimo para poder servir como los líderes espirituales que Dios les ha llamado a ser.

Como educador(a), ¿con qué tipo de sistema de apoyo usted cuenta? ¿Quiénes son los cristianos espiritualmente maduros en quienes usted puede confiar y pedir consejos? ¿Cuán frecuentemente necesita reunirse con estas personas para estar en forma espiritualmente? ¿Qué recursos le han ayudado a desarrollar su vida espiritual? ¿Cómo está participando regularmente en el servicio a su comunidad?

Mientras reflexiona en estas preguntas, recuerde que cada ser humano es único. Su plan de crecimiento espiritual y responsabilidad no será igual al mío. Mi plan no es una réplica del plan de un maestro(a) de mi congregación.

He aquí algunas posibilidades para poner un plan a funcionar:

- Organice un grupo pequeño de maestros(as), o amistades para reunirse en oración y estudio bíblico. Acuerden reunirse por varios meses. Luego evalúen su progreso y decidan qué pasos necesitan tomar.
- Únase a un grupo de pacto de discipulado en su congregación. Si no hay uno, pregúntele a su pastor(a) acerca de comenzar uno.

O busque un grupo similar en su lugar de trabajo o comunidad. Para más información acerca de los grupos de pacto de discipulado, escriba al Director de Discipulado Responsable (*Director of Accountable Discipleship*), The General Board of Discipleship, PO Box 340003, Nashville, TN 37203-0003.

- Localice un director espiritual u otro mentor(a) que se reúna con usted individualmente para discutir su crecimiento espiritual y proveer sabiduría y dirección hacia una madurez continua.
- Participe en un estudio bíblico de *Discipulado* para poder mejorar su entendimiento de la Biblia y el llamado al discipulado cristiano.
- Identifique su versión comunitaria de *Meals on Wheels [Comida sobre ruedas]*. A través de este servicio, se les provee comida caliente a los envejecientes de la comunidad. Haga trabajo voluntario para repartir comida a personas sin hogar varias veces al mes.
- Ore y lea la Biblia con su familia a diario. Hable de cómo su familia puede dar testimonio de su fe en la comunidad. Apoye el deseo de los demás de crecer en la fe.
- Colabore en un programa escolar de tutorías para niños y jóvenes después del horario regular de clases.
- Mantenga comunicación con una persona cristiana de otra comunidad. (Si es posible, no olvide el correo electrónico.) Al comunicar perspectivas en torno a vivir como discípulos, apóyense con consejo, oración y ánimo.

Sea lo que decida hacer, confíe en que Dios estará con usted. A través de su gracia nos relacionamos con Dios y con el prójimo. A través de su Espíritu continuamos creciendo en esa gracia.

GUÍA PARA LA REFLEXIÓN EN GRUPOS PEQUEÑOS

1. Discuta la relación entre gracia y responsabilidad. Explore el papel de las buenas obras en el discipulado cristiano. Tenga receptividad a las opiniones que sean diferentes a las suyas. Anime el compartir abierto y sincero.

2. Repase las descripciones de las primeras sociedades metodistas, reuniones de clase y bandas. Preste atención particular a las funciones de estos grupos. Luego, repase las oportunidades de responsabilidad mutua que ofrecen las congregaciones. Identifique posibles vacíos y desarrolle estrategias para eliminarlos.
3. Lea Filipenses 2.1-11. Discuta qué significa tener la mente de Cristo. Haga una lista sobre las formas en las cuales podemos demostrar concretamente tener la mente de Cristo.
4. Invite a alguien que conozca los grupos de pacto de discipulado a hacer una presentación en su grupo de maestros(as). Explore la posibilidad de organizar uno en su congregación.
5. Desarrolle un programa de mentores(as) en su congregación. Identifique personas espiritualmente maduras y que exhiban un profundo amor por Dios y los demás. Provéales formas para obtener conocimiento y desarrollar destrezas para ser un "amigo(a) en la fe".
6. Publique y promueva oportunidades para la misión y el servicio, en las cuales los maestros(as) y líderes puedan participar. Considere organizar algún tipo de viaje a alguna misión metodista unida, en este u otro país. Visite la página electrónica de Ministerios Globales, y solicite información acerca del Programa Voluntarios en Misión o del Comité de Auxilio Metodista Unido (UMCOR, por sus siglas en inglés).

CAPÍTULO 6

En contacto con la enseñanza

Y él mismo concedió a unos ser apóstoles y a otros profetas, a otros anunciar el evangelio y a otros ser pastores y maestros. Así preparó a los del pueblo santo para un trabajo de servicio, para la edificación del cuerpo de Cristo . . .

EFESIOS 4.11-12

AL COMENZAR A ESCRIBIR este último capítulo, recordé un dicho que tenemos en mi familia: "Hablé todo *eso* para solo decir *esto*". En parte el dicho se aplica a los capítulos previos. Los procesos vitales descritos en los capítulos 2 al 5 son importantes, porque ayudan a formarnos en las personas que Dios quiere que seamos. En el contexto de este libro, también son significantes por el impacto directo que tienen en el proceso vital de la enseñanza y en el liderazgo de grupos reunidos para crecer en la fe y el discipulado.

Considero la educación como un medio de gracia. Creo que como pueblo reunido en la comunidad cristiana para apoyarse, orar los unos por los otros, leer la Biblia, relacionar su fe con sus experiencias y buscar servir a Dios y a Su pueblo, nos abrimos a la presencia del Dios viviente. Quienes preparan el camino a otros para que experimenten este tipo de comunidad cristiana, son canales de la gracia de Dios.

La gente se une a las clases y grupos pequeños por diversas razones: para conocer más de la Biblia, la necesidad de tener amistades cristianas, explorar un tema en particular, como por ejemplo, la paternidad o maternidad, la historia y la doctrina metodista unida, etc. Otras personas sentirán compromiso en prestar atención a los asuntos relacionados a la pobreza, la salud o las personas sin hogar. Aún habrá quienes no tengan una razón bien definida; asisten porque piensan que eso es lo que se espera de ellos.

Sin importar cuáles sean las razones dadas para participar en los ministerios grupales de una congregación, creo que su deseo de estar conectados a Dios y a otros seres humanos en formas significativas es el propósito de su participación.

Ministerios de Discipulado [Junta General del Discipulado], provee guía a las congregaciones al explorar su tarea de hacer discípulos(as) a través de su educación y aprendizaje. *Fundamentos. Modelando el ministerio de educación cristiana en su congregación* provee parte de esa guía. Este recurso, disponible a ser bajado gratuitamente, describe el proceso de la formación cristiana como uno en el cual los individuos y las comunidades de fe pueden ser transformados por la gracia de Dios al venir a:

- Conocer y experimentar a Dios a través de Jesucristo;
- Reclamar y vivir las promesas de Dios;
- Crecer y servir como discípulos(as) cristianos.

Esta afirmación solidifica al ministerio de la enseñanza y aprendizaje en el santo misterio del deseo divino de vivir en relación con nosotros.

UN PROCESO DINÁMICO

La enseñanza y el aprendizaje para la formación cristiana es un proceso dinámico. Este proceso dinámico entreteje las hebras de nuestras vidas, formando nuestra identidad, iluminando nuestro propósito y retándonos a ser todo lo que Dios quiere que seamos. Este proceso se edifica en el pasado, interpreta nuestro presente e imagina el futuro.

Memoria e identidad

La identidad se refiere a las características de una persona que se mantienen constantes a través del tiempo. Nuestra identidad es lo que somos. Es formada por nuestras experiencias formativas, particularmente aquellas dentro de nuestra familia y de otros grupos significantes. Se expresa a través de nuestro compromiso de tiempo y energía. Dentro de la comunidad de fe, la identidad personal es formada por las historias y costumbres cristianas y por nuestro contexto cultural y realidades sociales.

Mi madre tenía una voz preciosa y cantó en el coro de la iglesia durate muchos años. Ella pasó varias semanas ingresada en hospital antes de morir en diciembre de ese año. Por tal razón, ella no pudo asistir a los servicios de adoración en la temporada de Adviento. Como sabía cuánto ella amaba cantar canciones de Navidad, le cantanba sentada junto a su cama. Luego de un tiempo, le cantaba sus himnos favoritos. Yo cerraba los ojos mientras le cantaba para contener mis deseos de llorar. Sin embargo, cuando le canté un verso del himo "En Jesucristo, mártir de paz", abrí mis ojos. Y para mi sorpresa, ahí estaba mi madre pronunciando la letra de la canción mientras yo la cantaba: "Gloria cantemos al Redentor, que por nosotros vino a morir; y que la gracia del Salvador siempre dirija nuestro vivir".

Las historia, los himnos y otras prácticas que han moldeado nuestras vidas permanecen siempre en nuestras memorias. Somos un pueblo con buenas noticias: ¡Dios ha venido en Jesucristo para que seamos su pueblo! Nuestras memorias nos sostienen a lo largo de los momentos más sagrados y preciosos de la vida.

Cada semana, cuando nos reunimos a adorar, estudiar y confraternizar, repasamos a través de la historia, símbolos y el ritual sobre *quiénes* somos y de *quién* somos. Durante el calendario de la iglesia, escuchamos las historias que nos han moldeado como cristianos por más de 2,000 años. Nos reunimos regularmente alrededor de la mesa, para recordar a Aquél que es "el pan de vida" y nos llama a extender su ministerio por todo el mundo.

La memoria afirma nuestro presente en los eventos centrales del pasado que nos han hecho ser quienes somos. A veces, la memoria será

Las metáforas nos provean de herramientas para explorar la visión de Dios para la humanidad y el orden creado. Podemos usar metáforas para ayudarnos a explicar lo que queremos decir y explorar nuevas posibilidades.

Los maestros(as) podemos usar metáforas en nuestros grupos. También podemos ayudar a nuestros miembros a reconocer las metáforas que usan para describir la gracia activa de Dios. Algunas de las metáforas bíblicas que nos pueden ayudar a entender la visión de Dios son:

- Pacto –la promesa de Dios de ser fiel a su Palabra, y nuestra promesa de servir solamente a Dios;
- Reinado de Dios –la realidad propuesta por Dios para este mundo;
- Sabbat –poner un alto a nuestra actividad frenética y tomar tiempo para nutrirnos espiritualmente;
- Mesa –un centro de generosidad, hospitalidad y abundancia, donde todos están bienvenidos y nadie está excluido.

Las metáforas contemporáneas podrán incluir las siguientes:

- El compañerismo –la conexión entre Dios y el ser humano y los seres humanos entre sí;
- La sanidad y plenitud –el deseo de Dios de que toda persona experimente una vida abundante.

No importa las metáforas que utilicemos, el construir una identidad común y una visión compartida es un ejercicio teológico y educacional enraizado en la fidelidad de Dios. Porque confiamos en Dios, somos un pueblo con esperanza.

UN PROCESO INTERACTIVO

La educación es un proceso creativo e interactivo, que reúne una diversidad de personas con necesidades y creencias distintas. Por la gracia de Dios, descubrimos la unidad en nuestra diversidad y aprendemos a vivir como un pueblo reconciliado. Para poder facilitar este tipo de experiencia, los maestros(as) deben estar pendientes a una variedad de factores que impactan el ambiente de la enseñanza y aprendizaje.

Los miembros del grupo

Los maestros(as) deben comenzar a reflexionar sobre el lugar donde están las personas –sus conocimientos, creencias, experiencias. Las edades, géneros, tipos de personalidad y estilo de aprendizaje influirán las expectativas y la participación del grupo. También será beneficioso entender las características generales del nivel de edad del grupo. Las características relacionadas con las edades incluyen el desarrollo mental, social, emocional, sicológico y espiritual. La investigación de Jean Piaget nos provee guías para aprender acerca del desarrollo cognitivo de los seres humanos. Las teoría de Erik Erikson sobre el desarrollo sicosocial arrojó luz sobre el desarrollo humano afectivo. Lawrence Kohlberg, Capapel Gilligan, John Westerhoff y James Fowler nos han provisto conocimiento a través de las teorías en las áreas del desarrollo de la moral y la fe, particularmente cómo se relacionan con: la toma de decisiones, la autoridad y la ampliación de perspectiva.

Y como si esto fuera poco, también debemos entender cómo las personas aprenden. Durante la pasada década, la investigación sobre el cerebro humano ha aumentado considerablemente. A continuación se mencionan algunos de los hallazgos más importantes de las investigación del cerebro y varias implicaciones para el campo de la enseñanza.

La investigación del cerebro nos dice que...	**En nuestros grupos podemos...**
Nuestros cerebros segregan químicos, tales como como la dopamina o adrenalina cuando estamos felices o ansiosos.	Prestar atención a las emociones expresadas por los miembros del grupo. Ayudarles a examinar su bienestar emocional y a reducir la ansiedad siempre que sea posible.
Las emociones nos ayudan a prestar atención y recordar lo que consideramos importante.	Crear ambientes de aprendizaje que estimulen respuestas emocionales positivas y ofrecer seguridad y respeto cuando se enfrenten desafíos.
Los microcircuitos neuronales almancenan información. Los que son más fuertes nos ayudan a recordar y usar la información.	Fortalecer los microcircuitos neuronales al usar la repetición y diferentes actividades de aprendizaje que refuercen el conocimiento.

La investigación del cerebro nos dice que...	En nuestros grupos podemos...
El movimiento físico capacita al cerebro a retener y recordar la información y las experiencias	Evitar hablar, hablar, hablar. Invitar a los participantes a manipular objetos, jugar juegos, cantar, escribir, o dibujar; hacer cualquier actividad que haga del aprendizje una experiencia.
El cerebro humano reconoce y recuerda patrones como una manaera de organizar información y hacer sentido de su experiencia.	Enfatizar la pertinencia y la aplicación del contenido a las vidas de los miembros del grupo.
Nuestros cerebros evalúan la nueva información y las nuevas experiencias a la luz de la información y experiencias previamente almacenadas. Integramos la nueva información al conocimiento existente o la descartamos como innecesaria y/o irrelevante.	Proveer grupos pequeños y/o actividades de aprendizaje de pares que ayuden a los miembros del equipo a desarrollar relaciones interpersonales positivas entre ellos.
Nuestros cerebros, como el resto de nuestros cuerpos, necesita buena nutrición, descanso y ejercicio para estar saludable.	Incluir movimientos físicos cuando sea posible. Ofrecer actividades de aprendizaje que requieran mucha energía y también actividades calmadas. Debemos proveer agua para que los miembros del grupo puedan estar bien hidratados durante sus reuniones.

Por muchos años, los educadores han sabido que la gente aprende en diferentes formas. Howard Gardner, sicólogo de Harvard, desarrolló la teoría de las "inteligencias múltiples". En *Frames of Mind: The Theory of Multiple Intelligences*; (BasicBooks, 1983), sugiere que hay, al menos, siete formas en que la gente procesa información, responde a nuevas situaciones y aprende de la experiencia, y rara vez, usa un tipo de inteligencia, más bien, las integra para formar su propio patrón de aprendizaje.

En la siguiente página, encontrará una tabla con los siete tipos de inteligencia identificados por Gardner, con sugerencias para la enseñanza en la iglesia. Al leer las actividades educativas, notará que muchas de ellas están dirigidas a personas con diferentes preferencias de aprendizaje. Por ejemplo, hay quienes prefieren usar la inteligencia lógico-matemática, porque involucra la solución de problemas; algunas, la lingüístico-verbal, ya que incluye el hablar, y otras, la inteligencia corporal-kinestésica, por el uso del movimiento corporal.

Espacios sagrados

Los educadores(as), son líderes espirituales. Estoy convencida de ello. Al escuchar a Dios y a su pueblo, podemos discernir formas para crear ambientes educativos que se conviertan en espacios sagrados. Podemos entender la naturaleza comunal de la fe cristiana y, consecuentemente, asumir nuestra responsabilidad en la "edificación del cuerpo de Cristo" (Efesios 4.7, 11-13). Una de las formas de lograr esto, es comprometiéndonos con el compañerismo, el trabajo en equipo y al apoyo a través de un liderazgo compartido. Debemos sustentar el desarrollo de los dones y talentos de cada miembro, y darles nuestro apoyo mientras él o ella usa esos dones al servicio de Cristo.

Los educadores(as) deben reconocer el valor de una comunicación abierta, en donde constantemente están intercambiando información. Ya que la formación cristiana es un proceso de por vida, debemos desarrollar climas que valoren un aprendizaje obtenido de la experiencia, al igual que del estudio. Debemos buscar el "capturar" ese aprendizaje para que el mismo sea compartido con la congregación y con los miembros nuevos del grupo.

Los instructores(as) deben entender que el liderazgo es una responsabilidad, no un privilegio. El liderato espiritual es nuestra ofrenda dada en favor de los demás. Es un liderato de servicio en el nombre de Cristo (Romanos 12). Mientras los maestros(as) tienen una influencia preponderante en la formación de la comunidad cristiana, deben estar despiertos y al tanto de que ellos, igualmente, son formados por su participación en la vida grupal. Deben buscar el ser responsables ante el grupo, así como esperan que los demás sean responsables.

Los maestros(as) deben invitar a otros a descubrir a Dios en medio de la vida cotidiana. Como líderes espirituales, debemos estar en sintonía con la presencia divina en nuestras propias vidas, y poder ayudar a otros a explorar cómo Dios obra en sus propias vidas. Si es cierto que nos

LAS SIETE INTELIGENCIAS

Preferencia de aprendizaje	Descripción	Actividades de aprendizaje
1. Lingüístico-verbal	Se enfoca en el uso del lenguaje, tanto oral como escrito.	Contar historias; historias escritas, oraciones o poesía; leer la Biblia e historias de la iglesia; discusión en clase y conversación; drama; orar a viva voz.
2. Espacial (visual)	Se enfoca en la habilidad de visualizar y crear imágenes mentales.	Dibujar o pintar, metáforas, mapas y gráficas, ver dibujos o libros de dibujos.
3. Corporal-kinestésica	Se enfoca en el movimiento físico y la manipulación de objetos.	Danza, deportes, juegos, moverse al son de la música, títeres, artes y manualidades.
4. Lógico-matemática	Se enfoca en los números, secuencias y conceptos y razonamiento abstractos.	Resolver problemas, aprender los libros de la Biblia en orden, rompecabezas, juegos.
5. Musical (rítmica)	Se enfoca en la música, ritmos y tonos.	Cantar en el salón de clases o en un coro, escuchar música, estudiar himnos, tocar un instrumento musical, escribir música o líricas.
6. Interpersonal	Se enfoca en la colaboración e interacción entre las personas.	Aprendizaje cooperativo, proyectos grupales, expresar sentimientos, compartir labores, escuchar a los demás, velar por el bienestar del prójimo.
7. Intrapersonal	Se enfoca en la vida interior.	Oración, escribir un diario espiritual, silencio, trabajar con los sentimientos, pensar en asuntos familiares.

lo único que nos dé esperanza para el futuro. Linda J. Vogel lo expresa de esta manera:

> No podemos imaginar un futuro sin recordar nuestro pasado. Nuestro sentido de identidad (quiénes somos y a quién pertenecemos), nuestras historias personales y comunitarias y todo lo que da significado a la vida, están atados a nuestro don de la memoria (Teaching and Learning in Communities of Faith: Empowering Adults Through Religious Education; © 1991 Jossey-Bass Publishers; p. 28).

Educar sobre la fe involucra la edificación de una reserva de memoria. La memoria, en el contexto educativo, no es estática; no nos retiene en el pasado. Más bien, sirve como catalizador para evaluar nuestra realidad actual y discernir su significado. Al aprender juntos, construimos un significado compartido, reclamamos nuestra identidad compartida y participamos en nuestro ministerio compartido.

Identidad y visión

El evangelio de Jesucristo es una proclamación de las buenas nuevas del reino. Es una declaración de la visión de Dios para el mundo. Es una visión enraizada en el testimonio profético de las Escrituras hebreas. Nos llama a imaginar un mundo donde se alimente a los hambrientos, se consuele a los desconsolados, se sane a los enfermos y se les ofrezca la mano a los solitarios. Nos llama a imaginar un mundo donde la justicia fluye "como agua, y la honradez como un manantial inagotable" (Amos 5.24).

Al toparnos con la actividad creativa y redentora de Dios en el mundo y en nuestros grupos pequeños, entendemos esa visión. La educación eficaz nos permite ver formas nuevas en las cuales Dios está obrando activamente en el mundo. Nos motiva a visualizar posibilidades y alternativas ante la desolación alrededor nuestro. Nos reta a escuchar el llamado de Dios a trabajar con Él para el cumplimiento de su visión.

La visión toma tiempo en surgir. Cuando intentamos entender a niveles cognitivos y prácticos los conceptos teológicos de justicia, gracia, responsabilidad, etc., podemos perdernos en lo abstracto y fallar en ver su importancia en nuestro diario vivir. Parte del problema se debe a nuestra limitación del lenguaje y pensamiento para describir a Dios.

debemos sentir cómodos compartiendo nuestra fe, no debemos esperar que los demás imiten nuestro peregrinar en la fe.

Debemos proveer oportunidades a la gente para buscar de Dios y se comprometa con el discipulado cristiano. Podemos modelar un proceso continuo de reflexión, que lleve hacia el discernimiento y crecimiento en la fe. Debemos también ayudar a la gente a identificar y desarrollar el conocimiento y las destrezas necesarias para que vivan su compromiso con Dios en Cristo.

La autoreflexión incluye contemplar nuestra experiencia, relacionarla con experiencias previas, considerar posibles consecuencias y reflexionar en ellas a la luz de las Escrituras, al igual que a través de la oración, para poder obtener el aprendizaje. En un lugar sagrado podemos exponer preguntas acerca de las conjeturas que guían nuestras acciones, y podemos poner a prueba nuevas ideas que nos ayudarán a entender nuestra experiencia y vivir más fielmente.

Los maestros(as) deben crear un clima de respeto y honor para la diversidad del pueblo de Dios y deben incorporar una variedad de métodos y herramientas que funcionen con estilos diferentes de aprendizaje, temperamentos y tipos espirituales. Deben entender el papel que juega el género, la edad y el estado civil en las dinámicas grupales. Deben respetar e interesarse por la herencia cultural de su grupo y alentarlo a reflexionar en torno a su herencia en diálogo con su fe.

En este ambiente todos pueden descubrir sus dones y talentos, ofrecer y recibir apoyo los unos a los otros. Pueden crecer en su deseo de rendir cuentas al "cuerpo" de su discipulado. En este ambiente, las personas pueden explorar con seguridad a qué Dios les llama y qué tipo de comunidad Dios espera de ellas.

Los maestros(as) también deben apoyar la salud y plenitud de los demás a diario –física, emocional, mental, sicológica y espiritualmente. Debemos entender que cuando la salud de alguien es restaurada, el lugar de esa persona en el grupo cambia y, por ende, el grupo cambia. Debemos entender cómo ayudar a un grupo en transición y crecimiento. Debemos tomar seriamente nuestro papel como "embajadores(as) de Cristo" a través del ministerio de la reconciliación (2 Corintios 5.17-20).

En el lugar sagrado donde los seres humanos se encuentran con el Dios vivo, descubren su relación con Dios y el prójimo, encuentran apoyo para vivir la fe, y reciben energía y poder para el ministerio. Desde una perspectiva wesleyana, mientras trabajan en su propia salvación, se encuentran viajando juntos en el camino de la santificación, guiados por sus maestros(as).

El contenido

Además de entender cómo las personas aprenden y cómo los educadores crean un ambiente educativo convertido en lugar sagrado para el estudiantado, los maestros(as) son responsables de prestar atención al contenido de sus reuniones. Estoy definiendo *contenido* para que incluya tres diferentes dimensiones: relaciones, prácticas e información.

La formación cristiana es un acto y responsabilidad comunitaria en virtud de la naturaleza de la fe cristiana. Afirmamos que Dios nos ha llamado a ser comunidad de su pueblo. Nuestros grupos pequeños proveen oportunidades para la interacción significante, profunda y retadora entre las personas allí reunidas, siguiendo el gran mandamiento de amar a Dios y al prójimo (Marcos 12.28-34). Estas relaciones son el corazón del proceso de enseñanza y aprendizaje. A través de los grupos, construimos relaciones de amistad y comunidad cristiana.

La necesidad humana de sentirse amada es poderosa. Dentro de la comunidad cristiana tenemos la oportunidad de compartir el amor de Dios con aquellos alrededor nuestro. Mientras respetamos y honramos la identidad única de cada persona, crecemos en nuestro endentimiento como hijos e hijas de Dios.

La comunidad y fraternidad cristianas son más que una "sociedad interna de admiración mutua". En Cristo descubrimos nuestra conexión con cada ser humano. Nuestras relaciones dentro de la congregación proveen una plataforma para construir relaciones sanas en la comunidad global en la cual vivimos.

Las prácticas que desarrollamos dentro del ambiente de la enseñanza y aprendizaje emergen desde nuestra identidad y visión. También nos proveen formas concretas de vivir nuestra identidad y movernos hacia nuestra visión. En el capítulo 2, exploramos el papel de las disciplinas espirituales en el desarrollo de la relación del maestro(a) con Dios. Nuestros grupos, de la misma manera, deben practicar juntos las disciplinas espirituales.

Además de las disciplinas espirituales específicas, los maestros(as) pueden proveer oportunidades a los grupos para que desarrollen sus destrezas de compartir cómodamente su fe, escuchar cuidadosamente, resolver conflictos, expresar apropiadamente sus sentimientos y tomar decisiones sabiamente. Empleamos cada una de esas destrezas en diferentes ocasiones con nuestras familias, el trabajo, etc. Nuestra participación en las clases y grupos pequeños nos puede dirigir en cómo usar de continuo esas destrezas junto con nuestra visión del discipulado cristiano.

Los maestros(as) sirven como modelos y guías a seguir a la hora de poner en práctica nuestra fe. Necesitamos apoyar y animar a nuestros grupos mientras trabajamos juntos en el desarrollo de "hábitos santos" que les lleven a relaciones sanas con Dios y el prójimo.

Parte del contenido de cualquier ambiente donde se da el proceso de enseñanza-aprendizaje es el cuerpo específico de conocimiento e información. Los maestros(as) y otros líderes educativos de la niñez y la juventud serán responsables de seleccionar los temas a cubrir en sus grupos particulares. Las clases de adultos, usualmente, participan en el proceso de toma de decisiones. No importa quién decida lo que se estudiará, los maestros(as) necesitan ser conocedores del contenido general de la fe cristiana para poder determinar cuáles asuntos y tópicos ayudarán al grupo a madurar en su fe.

La Biblia es nuestra fuente básica. Necesitamos ser congregaciones en crecimiento que conozcan y amen la Palabra de Dios. Lo maravilloso de estudiar la Biblia es que no importa cuántas veces hayamos leído o escuchado un pasaje bíblico, siempre adquirimos nuevo entendimiento. Mientras nuestra experiencia cambia, crece y madura, descubrimos perspectivas nuevas en torno a lo que Dios nos enseña.

El estudio bíblico básico debe incluir una introducción a la Biblia. Los grupos deben familiarizarse con los personajes bíblicos principales, la cronología de la historia israelita, la vida y ministerio de Jesús y los eventos que formaron la iglesia primitiva. También se beneficiarán de conocer cómo se desarrolló la Biblia –cuándo y por quiénes se escribieron varios de los libros, las circunstancias que enfrentaron los personajes bíblicos y cómo el escritor interpretó la acción de Dios.

Según la gente desarrolla un manejo introductorio del contenido bíblico, los maestros(as) querrán retarles a hacer un acercamiento más profundo al estudio bíblico. Podemos ayudarles a identificar temas que surgen de la lectura de un libro completo de la Biblia o de los profetas, etc. Podemos explorar conceptos bíblicos, como la gracia y la redención.

Las congregaciones necesitan proveer experiencias intensivas "de laboratorio" para ayudar a cristianos maduros a continuar creciendo en su fe y discipulado. Aun en el nivel más básico, los maestros(as) pueden ayudar al grupo a discernir la Palabra de Dios en sus vidas. Mientras las personas maduran, esta actividad se convierte en parte significativa de la vida grupal. Los maestros(as) de estos grupos deben saber escuchar cuidadosamente, discernir espiritualmente y promover al diálogo.

Además de la Biblia, el crecimiento espiritual del grupo aumentará con el conocimiento que tengan sobre líderes cristianos pasados y presentes. Aquellos que somos metodistas unidos quisiéramos que nuestros grupos conozcan a Juan y Carlos Wesley, Philip Otterbein, Francis Asbury y otros hombres y mujeres que han formado nuestra herencia metodista unida. Para entender plenamente la particularidad de nuestra denominación, debemos familiarizarnos también con Juan Calvino, Martín Lutero y otros líderes de la Reforma Protestante.

Con la reciente popularidad de la teología narrativa, las autobiografías y biografías espirituales han probado ser un vehículo efectivo para explorar las diferentes perspectivas de la fe. Muchos han redescubierto los místicos cristianos, tales como Julián de Norwich y Teresa de Ávila. Estudiar la vida de Karl Barth, Dietrich Bonhoeffer y Reinhold y H. Richard Niebuhr nos dará entendimiento sobre los pensadores teológicos en los comienzos del siglo XX. También nos beneficiaremos al leer a Thomas Merton, Howard Thurman, Martin Luther King, Jr., Dorothy Day, Madre Teresa y otras personas cuyos escritos ofrecen perspectivas de fe acerca de los asuntos que enfrenta nuestro mundo. Los maestros(as) que estén familiarizados con los recursos disponibles, serán de gran valor a su grupo, mientras sugieren posibilidades de examinar la fe desde otra perspectiva cristiana.

El contenido incluye una gran gama de asuntos contemporáneos. Ya que nuestra enseñanza y aprendizaje deben resultar en una aplicación práctica de nuestra fe al diario vivir, los maestros(as) deben ayudar al grupo a explorar la implicación de la fe al enfrentar dichos asuntos. Los asuntos variarán de lugar en lugar; sin embargo, es difícil imaginar que el hambre, la pobreza, la falta de hogar, el racismo, el desempleo, el acceso a la educación de calidad y la salud, y otros aspectos discriminatorios y de desigualdad serán totalmente eliminados para el tiempo que este libro sea publicado. Además, por lo menos uno de estos asuntos está afectando las vidas de algunos miembros de su congregación. Su grupo será sabio al analizar estos asuntos desde la perspectiva de la fe y planeará estrategias para abordarlos.

El contenido también incluye las historias, rituales y símbolos. Incluye el lenguaje religioso que usamos y la forma en que interpretamos la experiencia religiosa. Las historias que nos contamos reflejan el concepto que tenemos de nosotros mismos, nuestro propósito y significado. Las prácticas que organizan nuestra vida común en maneras significativas se convierten en rituales de celebración y afirmación. Los símbolos funcionan de forma muy similar al de las metáforas; apuntan a una realidad que excede nuestra habilidad para definir o describir. Representan aquello que nos da el fundamento en lo santo. Los maestros(as) proveen acceso a la acción significativa cuando ofrecen oportunidades de contar historias, explorar símbolos y desarrollar rituales.

UN PROCESO TRANSFERIBLE

Es posible que haya notado que nuestra imágen mental principal para la educación cristiana ha sido la escuela dominical. Por décadas, la mayoría de las congregaciones han llevado a cabo la escuela dominical con una duración de cuarenta y cinco minutos a una hora, antes del servicio de adoración o entre las experiencias de adoración. El lugar donde se ha llevado a cabo la educación cristiana ha sido salones de las instalaciones de la iglesia.

Según su contexto, para algunas personas esto puede seguir siendo viable para el estudio bíblico, la práctica de disciplinas espirituales y la discusión de la fe cristiana y el discipulado. Sin embargo, la iglesia no es el único sitio apropiado para llevarse a cabo las reuniones durante el domingo. Tome en consideración los siguientes lugares:

- Hogares;
- Centro comunitario, biblioteca u otros lugares públicos;
- Parque u otro lugar al aire libre;

- Centro para retiros;
- Trabajo;
- A través de la Internet.

Hemos aprendido que cuarenta y cinco minutos semanales no es el tiempo adecuado para desarrollar la identidad y el propósito de la persona cristiana. Alguien pueda que asista a la clase en la mañana del domingo una o dos veces durante el mes. El proveer el tiempo adecuado para explorar un tema, se ha encontrado que tiene mejores resultados cuando se ofrece la clase en otro día de la semana a diferente hora. Por lo regular las reuniones se llevan a cabo en las instalaciones de la iglesia durante una noche en la sermana. Sin embargo, este no es el lugar donde deben ocurrir. De hecho, la comodidad de la casa de algún miembro puede ser el lugar idóneo para la conversación y el compartir más propicios para los miembros del grupo de estudio. Alguien con poca experiencia en la congregación podría apreciar más que la reunión se dé en un ambiente de comunidad, en vez de llevarse a cabo en el edificio de la iglesia.

No obstante, el mover la reunión del edificio de la iglesia a otro lugar no es la solución, ya que el lugar, por sí solo, no garantiza la asistencia. Sin embargo, según usted planifica la formación cristiana, tome en consideración su audiencia, la duración de la oportunidad particular (a corto o a largo plazo), el tiempo necesario para tratar el tema (una hora, dos horas, un día), como también cómo la actividad en particular se ajusta a su plan en general. El evaluar si la decisión de mover una actividad de la iglesia a otro lugar resultará beneficiosa para el proceso de la formación crisitiana en su grupo o grupos, dependerá del análisis de los factores antes mencionados.

LA METODOLOGÍA

Los líderes de los grupos pequeños deben escoger métodos didácticos que sean apropiados a la edad y preferencias de aprendizaje de su grupo. El contenido debe promover la exploración y reflexión y ser congruente con el tipo de ambiente educativo que se intenta crear. Existen cientos de métodos didácticos –muchos más de lo que este libro puede abarcar. He seleccionado varias categorías de métodos que apoyan la creación de un espacio sagrado. Cada categoría puede desmenuzarse en otros métodos. Sin embargo, eso sería material para otro libro.

La conversación

El diálogo, la búsqueda y la conversación están intrínsecamente relacionados al discernimiento de la voluntad de Dios para nuestras vidas. El diálogo efectivo implica un balance entre la justificación y la búsqueda. La justificación representa nuestro intento por articular y promover claramente el entendimiento de nuestra posición en determinados asuntos. La búsqueda representa nuestro intento de entender las perspectivas de los miembros del grupo.

Las destrezas relacionadas a la búsqueda, incluyen pedir opinión, identificar valores y conjeturas, y explorar acciones potenciales. Al hacer explícito nuestro razonamiento, logramos un conocimiento profundo de lo que nos afecta. También podemos retar nuestras propias conjeturas y considerar nuevas opciones. La búsqueda aumenta la posibilidad de desarrollar un significado compartido dentro del grupo.

Los maestros(as) pueden ayudar al grupo en el desarrollo de destrezas de búsqueda para el diálogo, como las descritas en el capítulo 3. El parafrasear y hacer preguntas abiertas son dos de las destrezas que facilitan el diálogo. Según edificamos lugares seguros, de respeto y confiabilidad, podemos discutir nuestras opiniones respetando las de los demás. Eliminaremos el estar a la defensiva y el temor, mientras fomentemos la sinceridad y la disponibilidad de ser vulnerables.

Contar historias

El contar historias es un método poderoso para la formación cristiana, ya que es una manera en que podemos expresar nuestra identidad. El contar historias es una forma de compartir nuestra fe. Mientras los miembros de nuestro grupo relaten sus historias personales, los eventos y personas que moldearon sus percepciones comenzarán a hacerse visibles. La historia cristiana nos ayudará a reinterpretar nuestras historias personales a la luz del evangelio. Existe un proceso de cinco pasos para contar nuestras historias:

- Recordar –al evocar las partes importantes de nuestras historias que se relacionan con el enfoque o tema de la sesión grupal;
- Reflexionar –al dar un paso atrás en nuestras vidas para ver qué patrones y temas están surgiendo;
- Encuentro –al relacionarnos con algún aspecto de la historia cristiana;
- Compartir –al confesar partes de nuestras historias que usualmente optamos por no compartir con otras personas;
- Decidir –escoger cómo viviremos diferentemente a la luz de nuestros nuevos entendimientos de quienes somos.

Contar historias sirve para identificar nuestros contextos interpretativos. Las historias que optamos por contar, reflejan cómo nos percibimos en relación con los demás y con Dios. Nuestros contextos interpretativos son primordialmente subconscientes y el reconocerlos puede ser un proceso doloroso. También puede ser un proceso liberador.

Las historias, a menudo, iluminan las realidades de nuestra propia experiencia; nos ayudan a ponernos en contacto con las historias que han formado nuestro concepto de Dios, y cómo Dios se relaciona con nosotros. Esto lleva a un compromiso más profundo con Dios y a una percepción nueva y más auténtica de nosotros mismos.

El pensamiento crítico

Según vamos creciendo y madurando, y observamos el comportamiento de otras personas, notamos la forma en que responden a eventos particulares, completan sus tareas e interactúan con otras personas. Reconocemos que algunas respuestas/interacciones son más satisfactorias, provechosas o adecuadas que otras. Tratamos de imitar las conductas de otros que son satisfactorias, provechosas y adecuadas, y tratamos de evitar las respuestas que no lo son.

A lo largo del tiempo, nuestras observaciones se convierten en percepciones de "cómo funciona el mundo". Nuestros comportamientos se convierten en hábitos. Nuestras percepciones y conductas incluyen actitudes, valores y normas. Operan como modelos mentales de cómo podemos conducirnos exitosamente en nuestro mundo.

Los modelos mentales sirven para orientarnos en el mundo. Nos benefician grandemente en nuestra rutina diaria. Trabajan a nivel subconsciente y somos capaces de completar las tareas rutinarias casi sin pensarlo. Somos capaces de transferir conocimiento y destrezas de un contexto a otro, según sean nuestros modelos mentales de la conducta apropiada en cirscunstancias particulares.

Los modelos mentales pueden convertirse en dañinos, pero podemos experimentar cambios significantes o nuevas situaciones. Nuestras ideas a nivel subconsciente de cómo comportarnos, pueden ser muy inapropiadas en contextos muy diferentes al nuestro. Podemos tener una experiencia que nos requiera cuestionar algunas creencias o valores profundos.

Piense por un momento en una experiencia nueva que haya tenido (o de alguien que usted conozca), y cómo cambiaron sus percepciones de Dios, de usted y de otras personas. ¿Cómo cambiarían sus creencias de Dios si usted tiene un amigo que cree en el islam? ¿Cuáles serían sus creencias sobre la sexualidad humana si su hija fuera lesbiana? ¿Cómo desafiaría su entendimiento del perdón si sufriera un robo? ¿Qué diría usted del amor de Dios si su hijo de seis años de edad muriera a causa del cáncer?

Estas preguntas no son hipotéticas. Estas situaciones suceden en la vida real. Puede que no le haya sucedido a usted y que nunca le sucedan, pero sí le pueden suceder a alguien que usted conozca. Cuando nos encontramos en una situación nueva que nos confunde, podemos sentirnos desorientados. Podemos darnos cuenta que nuestras experiencias previas no nos prepararón para lo que ahora enfrentamos; no sabemos qué hacer o cómo responder. Las destrezas del pensamiento crítico nos pueden ayudar en estas situaciones.

Primeramente, podemos "emerger" de nuestros supuestos. Podemos prestar atención a los modelos mentales a nivel subconsciente que usamos, e identificamos los supuestos que tenemos de nosotros mismos incrustados en esos modelos. Podemos identificar la fuente de esos supuestos y determinar la exactitud y validez de esa fuente.

El próximo paso es considerar alternativas para esos supuestos. Podríamos preguntar a alguien sobre los supuestos relacionados a la situación que exploramos; identificar puntos de vistas o respuestas alternas, y discernir cuán válidas son esas alternativas para otras personas.

En relación a lo aprendido sobre las alternativas, podemos escoger experimentar diferentes conductas y respuestas. Según respondamos en nuevas maneras, iremos evaluando la eficacia de nuestras respuestas. Podemos adoptar una nueva conducta, revisarla de alguna manera, o recharzarla como respuesta.

Eventualmente, al tratar nuevas conductas y reflexionar en sus valores, podremos integrarlas en nuestro diario vivir, y experimentar un sentido de reorientación. Al revisar nuestros modelos mentales integraremos el aprendizaje, el discernimiento y experimentación de nuestra desorientación. Cuando el proceso funcione bien, nuestros modelos mentales revisados serán más adecuados para nuestro contexto actual.

Las artes creativas

El uso del arte, drama, danza y música reconoce la dimensión efectiva de nuestra personalidad y nos ayuda a usar nuestra inteligencia espacial (visual) y corporal-kinestésica. Podemos expresar emoción y explorar alternativas en formas no amenazantes. Las artes nos conectan con nuestra creatividad y fomentan la imaginación, las cuales son útiles para visualizar nuevas posibilidades futuras.

Los maestros(as), que planifican incorporar las artes creativas en una sesión, necesitarán calcular bien el tiempo necesario. Las artes requerirán equipo o artículos especiales (tocador de discos compactos, pintura, brochas, agua, papel toalla, etc.).

Los maestros(as) además, deben considerar invitar a un instructor(a) para dirigir al grupo en eventos que el maestro(a) no tiene las destrezas necesarias. Por ejemplo, un danzanrín litúrgico puede dirigir al grupo al estudiar la adoración y cómo alabar a Dios a través de la danza.

Los recursos

Otro componente de la dinámica del proceso de enseñanza-aprendizaje son los recursos. En la mayoría de los casos pensamos en recursos *curriculares*. La Iglesia Metodista Unida tiene materiales impresos que facilitan el estudio, la reflexión y la aplicación apropiados para las clases dominicales, retiros, campamentos y grupos semanales. Además de esos materiales, se pueden usar recursos audiovisuales que ayuden en el aprendizaje grupal. Estos recursos incluyen películas y programas de televisión, redes sociales y la Internet.

No debemos olvidar los recursos humanos en nuestra planificación. Anteriormente sugerí invitar a un danzarín(a) litúrgico para incorporar las artes a la clase. También podemos invitar gente que haga presentaciones de asuntos comunitarios, la misión metodista unida alrededor del mundo, o asuntos personales, como el manejo del estrés.

Este libro no provee una lista exhaustiva de recursos disponibles. Lo importante es que los maestros(as) tengan claras sus metas educativas y conozcan los recursos disponibles para alcanzar esas metas. Las metas deben desarrollarse en cooperación con otros miembros del grupo, ya que juntos buscan crecer en la gracia de Dios.

CONCLUSIÓN

El enseñar y aprender para el desarrollo del discipulado cristiano es una tarea maravillosa. Es un medio de gracia de Dios, que lleva a un compromiso profundo con el amor de Dios y al prójimo. Pienso que Dios nos llama a crear nuevos sistemas educativos adecuados para enfrentar los retos de hoy. ¡Nuestro Dios es un Dios poderoso! Dios nos invita a hacerlo y nos capacita para lograrlo!

Cuando nos reunimos como comunidad cristiana, el Cristo resucitado está con nosotros. Cuando experimentamos su presencia transformadora testificamos el poder de su amor redentor. Así como el ciego que Jesús sanó, proclamamos: "No sabré todo lo necesario de Jesús, ¡pero estoy aprendiendo! Y esto sí sé: "¡Era ciego(a), mas ahora puedo ver![. . .]" (Juan 9.25, parafraseado).

Qué Dios nos dé ojos para verle, oídos para escucharle y corazones para amarle a él y a su pueblo. Y qué la gracia de nuestro Señor Jesucristo esté con todos ustedes.

GUÍA PARA LA REFLEXIÓN EN GRUPOS PEQUEÑOS

1. Discuta cómo la enseñanza es un medio para experimentar la gracia de Dios. Puede compartir sus experiencias. Dialogue

en torno a cómo la educación en su congregación reconoce la presencia transformadora de Dios.

2. Haga una lista sobre las formas en que su congregación edifica la memoria comunitaria y apoya el desarrollo de la identidad cristiana. Evalúe cuál es la más efectiva. ¿Cómo lo sabe? ¿Qué necesita hacer en forma diferente?
3. Repase las metáforas bíblicas y contemporáneas mencionadas en la sección sobre "*Identidad y visión*". ¿Cuáles de estas metáforas hablan a su vida? ¿Cuáles otras metáforas e imágenes representan la visión de su congregación sobre el mundo? ¿Cómo su enseñanza y aprendizaje forman esa visión? ¿Cómo su enseñanza y aprendizaje se nutren de esa visión? ¿Cómo su visión ayuda a formar la identidad cristiana de su grupo?
4. Provea recursos o talleres para maestros(as) que exploren la teoría de las inteligencias múltiples. Dé seguimiento a los maestros(as) para descubrir cómo determinan la preferencia de aprendizaje de su grupo, cómo están usando efectivamente diversos acercamientos educativos y cómo usted les seguirá apoyando.
5. Entreviste a sus maestros(as) para recopilar datos relacionados a los métodos educativos que usan. Provea oportunidades a los maestros(as) para desarrollar destrezas en la utilización de nuevos métodos y la selección de métodos apropiados para los grupos.

RECURSOS ADICIONALES

Discipulado, liderazgo y grupos pequeños

Álvarez, Iosmar (2013). *Liderazgo gubernamental del reino.* Bloomington, IN: Palibrio LLC.

Discipulado. Transformando en discípulos por medio del estudio bíblico. (1994). Nashville, TN: Abingdon Press.

Engstrom, Ted W. (1976). *Un líder no nace, se hace.* Grand Rapids: MI: Zodervan Publishing House. Heitzenrater, Richard P. (1995). *Wesley y el pueblo llamado metodista.* Nashville, TN: Abingdon Press.

Glover, Dan y Levi, Claudia. (2009). *Boga mar adentro: La renovación congregacional para un discipulado de transformación.* Nashville, TN: Discipleship Resources. *Guía completa para organizar el trabajo de la iglesia local.* (2012). Nashville, TN: Abingdon Press.

Martínez, Ernesto (2010). *Módulo III: "...fui forastero y me dieron alojamiento..." La inmigración y la comunidad cristiana.* Nashville, TN: Discipleship Resources.

Martínez, Juan F. (2008). *Caminando entre el pueblo: Ministerio Latino en los Estados Unidos.* Nashville, TN: Abingdon Press.

Plan Nacional para el Ministerio Hispano-Latino y Junta General de Discipulado (2013). *Módulos de Capacitación en el Desarrollo de Nuevas Congregaciones.* Disponibles para bajarlos gratis:

Radillo, Rebeca. (2009). *Cuidado pastoral: Ministerio con inmigrantes.* Nashville, TN: Abingdon.

Schnase, Robert. (2009). *Cinco prácticas de congregaciones fructíferas.* Nashville, TN: Abingdon.

Thornburg Melton, Joy. (2004). *Santuarios seguros: Prevención del abuso infantil y juvenil en la iglesia.* Nashville, TN: Discipleship Resources.

Formación espiritual

Dawson, González, Hinson, Job, Thompson y Wright (2004). *Compañerismo en Crito. Guía del Líder.* Nashville, TN: Upper Room Books.

Dawson, González, Hinson, Job, Thompson y Wright (2004). *Compañerismo en Crito. Libro del Participante.* Nashville, TN: Upper Room Books.

Conoce tu Biblia: Los 66 libros explicados y aplicados. (2010). Uhrichsville, OH. Casa Promesa.

Cotto, Irving. (2013). *Fiesta en la casa de Dios*. Allentown, PA: Editorial Nueva Comunidad.

Dunnan, Maxie. (1994). *El cuaderno de la oración viviente*. Nashville, TN: Upper Room Books.

El Aposento Alto. Guía de meditaciones diarias. Nashville, TN: The Upper Room. (Publicación bimensual)

Harper, Steve.(1999). *Una vida de devoción en la tradición wesleyana: Un libro de ejercicios*. Nashville, TN: Upper Room Books.

Müller, Emilio. (2010). *Cada Celebración: Un anuario litúrgico y algo más para la iglesia hispana*. Nashville, TN: Discipleship Resources.

Norberg, Tilda y Webber R. D. (2007). *Extiende tu mano: Un estudio sobre la oración de sanidad*. Nashville, TN: Upper Room Books.

Oraciones de consolación. Esperanza para quienes viven con VIH y SIDA, malaria, tuberculosis y otras enfermedades graves (2008). Nashville, TN: Upper Room Books.

Shannon, Betty. (2000). *Los niños y la oración: Juntos en el camino.* Grand Rapids, MI: Editorial Portavoz.

Thornburg Melton, Joy. (2004). *Santuarios seguros: Prevención del abuso infantil y juvenil en la iglesia*. Nashville, TN: Discipleship Resources.

CPSIA information can be obtained
at www.ICGtesting.com
Printed in the USA
FFOW02n0812220415
12836FF

9 780881 776911